仲良し単語を知って知って英語を使いこなそう！

コロケーション
学習のすすめ

Natural and Accurate English through Collocations

堀 正広

小学館スクウェア

は し が き

　本書は、毎日新聞社発行の英語学習週刊紙 "Mainichi Weekly" に、2018年4月から2020年12月までの2年9か月の間、「堀先生と学ぶコロケーションの時間」として連載した記事に加筆修正してまとめたものです。この毎月2回の連載記事は、語と語との慣習的な結びつき、つまり仲良しの語を発見するコロケーション学習の大切さを皆さんに知っていただくことを目的としたコーナーでした。このコーナーは、特に似ている単語の使い方やニュアンスの違い、そして使用する場面の違いを、具体的な例文を通してできるだけわかりやすく解説したものでした。"Mainichi Weekly" の連載記事では紙面の制限があったので、割愛した内容もありました。本書では、さらに掘り下げたコロケーションの情報を加筆しました。

　本書の特徴としては、次の3つを挙げることができます。

(1) 似た単語の学習には、仲良しの語を発見するコロケーション学習が大変役に立つことを、具体的な例文を通して学んでいきます。
(2) コンピュータを使って調査できる言語資料であるコーパスを利用して、実際に使われている英語の実態を、最近の英語研究の成果を取り入れながら、わかりやすく説明してあります。
(3) 英単語を暗記するだけではなく、単語の立ち居振る舞いを分析的に観察する英語学習を提言しています。知的な好奇心をかき立てながら、言葉に関心を持ち分析的に学ぶことによって、英語の表現力を身につけていきます。

　本書の刊行に際しては、いろいろな方々にお世話になりました。同僚のDavid Ostman先生、Joseph Tomei先生を始め、多くのネイティブ・スピーカーの方々にご協力いただきました。"Mainichi Weekly" の編集者小林遙さんとは、わかりやすい文章に仕上げるため、何度も原稿のやり取りをしました。また、小学館の編集者であり、その後ネットアドバンス社に異動された星野守さんには、出版に関し、大変親身になって相談に乗っていただきました。その結果、ネットアドバンス社と小学館スクウェア社のご協力のもとに本書を出版することができました。星野さんには本書の編集の労も執っていただきました。お世話になったみなさまへ心から感謝申し上げます。

2022年10月1日

堀　　正広

CONTENTS
目 次

はしがき ……………………………………… 3

コロケーションとは ……………………… 6

コーパスとは ……………………………… 9

第1章 名詞の類義語とコロケーション

「旅」journey, tour, travel, trip ……… 14

「スポーツ」judo, baseball など ……… 17

「問題」
　question, problem, trouble, matter … 20

「家」house, home ……………………… 23

「機会」chance, opportunity ………… 25

「仕事」job, work ……………………… 27

「休暇、休日」
　holiday, vacation, day off ………… 30

「約束」promise, appointment ……… 33

「予約」appointment, reservation …… 36

「贈り物」present, gift ………………… 39

「返事」answer, reply, response ……… 42

「頭、顔、首」head, face, neck ……… 45

「心」heart, mind ……………………… 48

「足」foot, leg …………………………… 51

「腹」belly, stomach …………………… 54

「自由」freedom, liberty ……………… 57

「客」customer, guest, visitor ……… 60

第2章 動詞の類義語とコロケーション

「する」do, make ……………………… 64

「聞く」hear, listen …………………… 67

「起こる、生じる」
　happen, take place ………………… 70

「言う、話す」say, speak, tell ……… 73

「書く、描く」write, draw, paint …… 76

「なる」be, become, come, get ……… 79

「飲む」drink, eat, have, take ……… 82

「始まる、始める」begin, start ……… 84

「終わる、終える」end, finish ……… 87

「教える」teach, tell, show ………… 90

「学ぶ」learn, study …………………… 93

「関する、考察する」
　concern, consider ………………… 95

「関心がある」concern, interest …… 98

「考える」think, consider, ponder …101

「思う」think, feel, suppose ………104

「笑う」laugh, smile …………………107

「議論する」discuss, argue ………110

第3章 形容詞の類義語とコロケーション

「高い」 *high, tall* ……………114

「よい①」 *good, nice* ……………117

「よい②」 *good, fine* ……………120

「明るい」 *bright, brilliant* …………123

「生(なま)」 *raw* など ……………126

「具体的な」 *concrete, specific* ……128

「早い、速い」
　early, fast, quick, soon …………130

「少し」
　a few, few, a little, little, some ……132

「強い」 *strong, powerful* ……………135

「子どものような」
　childlike, childish ……………137

「きれいな」 *clean, clear* ……………140

「狭い」 *narrow, small* ……………143

「広い」 *wide, broad, large* …………146

「最初の」 *first, initial* ……………149

「最後の」 *last, final* ……………152

「静かな」 *quiet, silent* ……………155

「病気の」 *ill, sick* ……………158

「賢い」 *clever, intelligent, wise* ……160

「愚かな」 *foolish, silly, stupid* ………163

「うれしい、楽しい」
　happy, pleased, pleasant …………166

「悲しい」 *sad, sorrowful, unhappy* ……169

「確かな、確かに」 *certain, sure* ……171

第4章 副詞の類義語とコロケーション

「～したて、できたて」
　freshly, newly ……………176

「じっと」 *fixedly, attentively, still* ……179

「かなり」 *fairly, quite, rather* …………182

「驚くほど」
　surprisingly, remarkably, amazingly ……185

「まったく」
　completely, absolutely, utterly ……188

第5章 その他の表現とコロケーション

「～に関しては」「形容詞＋*with*」 ……192

「～するとき、～している間」
　when, while ……………195

「～だが」 *but, and* ……………197

「アクセス」 *access* ……………200

「サービス」 *service* など …………203

索引 ……………………………………206

コロケーションとは

　コロケーション（collocation）とは、一緒に使うことの多い、仲の良い語と語の組み合わせのことです。例えば、「背が高い女性」と「高い丘」の「高い」は、日本語ではどちらも同じ「高い」を使って表すことができます。ところが英語では、「背が高い女性」は a tall womanと形容詞tallを使いますが、「高い丘」はa high hillと形容詞highを使います。

| 背が高い女性 | a *tall* woman | a ~~high~~ woman |
| 高い丘 | a *high* hill | a ~~tall~~ hill |

　このとき、tallはwomanとは仲が良い組み合わせで、コロケーションと言うことができます。しかし、hillとは仲の良い組み合わせではないので、コロケーションとは言えません。同じようにhighはhillとはコロケーションですが、womanとはコロケーションではありません。

　このようなコロケーションは、英語を外国語として学んでいる学習者にとって、分かりやすい場合と分かりにくい場合があります。分かりやすい場合として、スポーツを例に取ってみましょう。「サッカーをする」や「柔道をする」のように、日本語ではサッカーの場合も柔道の場合も「する」を使います。しかし英語では、「サッカーをする」はplay soccerでplayを使いますが、「柔道をする」はdo judoでdoを使います。

| サッカーをする | *play* soccer | ~~do~~ soccer |
| 柔道をする | ~~play~~ judo | *do* judo |

　この違いは、スポーツの種類によります。つまり、soccerだけでなく球技のスポーツbaseball、tennis、basketballなどでは playを使い、judoだけでなく格闘技のスポーツkarate、boxingなどはdoを使います。

　一方、分かりにくい場合として「速い」を表す形容詞fastとquickを考えてみましょう。例えば、「速い車」はa fast carとfastはcarと一緒に使うことはできますが、quickを使うことはできません。「速い返事」の場合はquickを使ってa quick replyと言いますが、fastは使えません。

速い車	a *fast* car	a ~~quick~~ car
速い返事	a fast reply	a *quick* reply

　「速い」を表すfastとquickですが、その使い分けは外国語として英語を学習している私たちには、スポーツの「する」の場合ほど習得は簡単ではありません。

　このようなコロケーションの習得は、語彙学習の重要な一部ですが、その語彙が日本語と英語とでは微妙に異なる場合は、コロケーションの習得はもっと難しくなります。次の日本語を英語に訳してください。

　「バスの窓から顔を出さないでください」

　ここで問題なのは、日本語の「顔」と英語のfaceは、その意味がまったく同じではない点です。日本語では、「顔」と「頭」は異なった体の部位ですが、英語では、faceはheadの一部で、「頭部の前面」を指します。したがって、faceだけを窓の外に出すことはできないので、この日本文の「顔」はfaceを使うことはできません。次のようにheadを使って表します。

　Please don't stick your *head* out of the bus window.

　では、次の日本語は英語でどのように表したらよいでしょうか。

　「彼はその考えに対して首を振って、「だめだ」と言った」

　この日本語の文の「首」は、英語ではneckを使えるでしょうか。英語のneckは「頭と胴をつなぐ部分」を指すので、「首を振る」とありますが、英語では「headを振る」と考えます。ここでneckを使うと、neckがheadから取り外せるかのように受け取られてしまいます。したがって、次のようになります。

　He shook his *head* at the idea and said, "No."

　このようなコロケーションの問題は、指し示す英語の単語と日本語の単語の意味が微妙に異なるので、スポーツの場合の「～をする」のコロケーションの習得よりも学習者にとっては困難です。

　これまでの例は、語と語との相性の問題でした。コロケーションには、語と、ある特定の

文法的な関係との相性という問題もあります。例えば、形容詞と名詞の文法的な関係には次の3つのタイプがあります。

(1) redタイプ	the red rose	The rose is red.
(2) asleepタイプ	the ~~asleep~~ baby	The baby is asleep.
(3) utterタイプ	the utter nonsense	The nonsense is ~~utter~~.

　ほとんどの形容詞は(1)のタイプです。(2)のタイプは、主語の状態を説明する補語の役割を果たすことができても、名詞の直前に来て修飾することはできません。(3)のタイプは(2)のタイプとは反対で、名詞の前でしか使われません。

　このような、語(句)と文法的な関係との相性を表す他のコロケーションの例を挙げると、副詞muchはveryと一緒に使われるときは肯定文(I like him very much.)でも否定文(I don't like him very much.)でも使えます。しかし、muchだけだと否定文I don't like him much.とは言えますが、肯定文×I like him much.とは言えません。また、「彼らは幸せに暮らしました」は、英語ではThey lived happily.と言い、日本語の「幸せに」と「暮らした」の語順とは反対になります。英語では×They happily lived.とは言いません。

　これまで述べてきたコロケーションの問題は、外国語として英語を学んでいる学習者には避けては通れない問題です。したがって、英語に触れるときには日頃から意識してコロケーションに気をつけて学習するだけでなく、それぞれの語のコロケーションについて体系的に学ぶ必要があります。ただ、コロケーション学習において障害となる問題点があります。それは、正しいコロケーションは辞書や参考書で調べることはできるかもしれませんが、間違ったコロケーションは辞書や参考書では調べることはできないという点です。例えば、a tall womanやa high hillは辞書の用例として載っているかもしれませんが、×a high womanや×a tall hillが間違ったコロケーションであることは、辞書では調べることはできません。このようなときに役に立つのが、膨大な英語の言語資料をコンピュータで調べることができる「コーパス」です。コーパスを使って、正しいコロケーションや間違ったコロケーションを調べることができます。コーパスについては、次の項目でもう少し詳しく説明します。

　本書は辞書や参考書ではまだ十分に扱われていない、仲良しの単語の組み合わせであるコロケーションを学んで、自然な英語を習得することを目指している学習者のために執筆された本です。

コーパスとは

　コーパス(corpus)とは、英語に限らず「言語研究のためにコンピュータを使って調査分析することのできる言語資料」のことです。コーパスには様々な種類の電子化されたテキストがあります。例えば、書き言葉では新聞、雑誌、小説、論文など、話し言葉では雑談やビジネスの会話、会議、ラジオのトーク番組などです。これらの言語資料をコンピュータの機能を使って分析することによって、言語使用の実態を知ることができます。

　本書の執筆に際して利用したコーパスは、イギリス英語のBritish National Corpus (BNC)とアメリカ英語のCorpus of Contemporary American English (COCA)です。BNCに関しては、「小学館コーパスネットワーク」が提供しているBNC Onlineを利用しました。

　それではコーパスはどんな役に立つかについて、次の3つの点から説明します。

(1)辞書は正しい使い方は教えてくれるが、間違った使い方は教えてくれない。
(2)ネイティブ・チェックは重要だが、ひとりの母語話者の直観にすぎない。
(3)類義語学習においては、コロケーション学習が有効である。

(1) 辞書は正しい使い方は教えてくれるが、間違った使い方は教えてくれない。

　a good dayやa good timeは、a nice dayやa nice timeのようにgoodをniceで置き換えることができますが、次の英文のgood newsをnice newsと言うことはできるでしょうか。

　She was delighted to hear the good news.
　「彼女はそのよい知らせを聞いて大喜びしました」

　結論は、nice newsとは言えません。では、nice newsが間違いであることを調べ

るには、どうしたらいいでしょうか。残念ながらいくら辞書を調べてもnice newsは間違いであることは分かりません。なぜならば、辞書は正しい使い方は教えてくれますが、間違った使い方は教えてくれないからです。しかし、コーパスを使えば解決します。「小学館コーパスネットワーク」のBNCで調べて見ると、good newsの用例は1,195件あります。一方、nice newsの用例は0件です。nice newsは使わないことが分かります。これに関して、英語を母語とするネイティブ・スピーカーに、なぜnice newsと言えないかを尋ねると、「理由はわからないがnice newsとは言わない」と答えます。ネイティブ・スピーカーの意見もBNCと同じ結果でした。それでは、英語の質問にいつでも答えてくれるネイティブ・スピーカーが身近にいれば、解決するでしょうか。

(2) ネイティブ・チェックは重要だが、ひとりの母語話者の直観にすぎない。

　本書の元となった"Mainichi Weekly"での連載記事「堀先生と学ぶコロケーションの時間」の、ある記事のネイティブ・チェックの際に、毎日新聞の20代のアメリカ人とイギリス人が、次のような例文に関して「sureの比較級surerは聞いたことがない。more sureとしなければならない」と言い出しました。

　　I believe there's nothing surer than this love.
　　「この愛よりも確かなものはないと私は信じている」

　私が勤務している大学の同僚で50代のカナダ人は、more sureなんか聞いたことがない、surerだと主張しました。

　みなさんの中には、単音節の形容詞の比較級について、次のことを文法書で学んだことを覚えておられる方もあると思います。

　　「比較変化の規則：1音節（発音する母音の数が1つ）の語は原級の語尾に-er（比較級）、-est（最上級）を付ける」

　この規則からすると、sureは1音節なので、その比較級はsurerということになります。それでは、毎日新聞のアメリカ人とイギリス人の担当者は間違っているのでしょうか。BNCでmore sureの用例を調べて見ましょう。

図1　BNCにおけるmore sureのコンコーダンス（部分）

　図1は、more sureの用例を中央に表示するコンコーダンスというものです。この図から、BNCにはmore sureの用例が19件あることがわかります。一方、surerは48件ありました。この結果からすると、毎日新聞の20代のアメリカ人とイギリス人の担当者も同僚の50代のカナダ人の先生も、どちらも間違ってはいないことになります。more sure（28%）の用例はsurer（72%）の用例の約3分の1ですが、使用されていることが分かりました。それでは他の1音節の形容詞の比較級はどうでしょうか。BNCで調べると、more tallは1例もありませんでしたが、下記の形容詞にはmoreとの用例がありました。

younger	5243例 (98.8%)	more young	65例 (1.2%)
longer	7010例 (99.6%)	more long	31例 (0.4%)
bigger	3487例 (99.6%)	more big	14例 (0.4%)
smaller	7198例 (99.7%)	more small	22例 (0.3%)
wider	4840例 (99.7%)	more wide	13例 (0.3%)

　BNCのこの結果から、sureの比較級に関しては、more sureは使われているが、他の1音節の形容詞の比較級では、原級の語尾に-erを付ける比較級がまだ主流であると言うことができます。このように、コーパスを使うことで英語使用の実態を知ることができます。

（3）類義語学習においては、コロケーション学習が有効である。

　本書の目的の1つは、似た単語、つまり類義語の学習を通して、英語の単語をマスターしていくことです。その類義語学習には、語と語の相性を探るコロケーション学習が大変有効です。そして、そのコロケーションはコーパスの客観的なデータに基づいて調べることができます。具体的には本書を読み進めていただくと理解していただけますが、コロケーションの視点からの類義語学習の基本的な方法は、次の2つです。1つは、文中でどちらを使ってもほぼ同じ意味を表す相性のよい単語や使い方を探すことです。もう1つは、一方の語だけがコロケーションが可能な単語や使い方を調べることです。この2つの方法でコロケーションを探るときに有効なのが、コーパスです。

　以上、コーパスとはどのようなもので、どのように役立つかを説明してきました。本書では、そのコーパスを使って得られた情報をできるだけわかりやすく提示しています。本書を通して、似た単語の意味や使い方をしっかりとマスターして、みなさんの語彙力と表現力を鍛えてください。

第1章

名詞の類義語と
コロケーション

「旅」の英語とコロケーション

journey, tour, travel, trip

「旅」を意味する英単語には、journey、tour、travel、tripなどがあります。これらの使い方の違いを、コロケーションを通して学習していきましょう。

問題

journey、tour、travel、tripを使って、空欄を埋めましょう。

Q1：私は旅行代理店に就職したいと思っています。
I want to get a job at a (　　　) agency.

Q2：私たちは先週日曜日に、日帰りで阿蘇に行きました。
We took a day (　　　) to Aso last Sunday.

Q3：私の夢は、添乗員になって世界をあちこち旅行することです。
My dream is to be a (　　　) guide and to travel around the world.

Q4：人生は旅である。
Life is a (　　　).

正解と解説 使い方にどんな違いがあるか、見てみましょう。

Q1 は **travel**、**Q2** は **trip** が正解です。「旅」を表すtravel は「一般的に旅行することを表す数えられない名詞」で、tripは「比較的短い旅行や外出を意味する数えられる名詞」ですが、a travel agency「旅行代理店」、a travel guide book「旅行本」、a travel brochure「旅行案内パンフレット」、a travel company「旅行会社」のように、travelの後ろに具体的な数えられる名詞が来た場合は、不定冠詞が付きます。一方、tripはa tripのように不定冠詞や、My trip to Montana was very fun.のように所有格を付けることができます。

名詞travelで終わる特徴的なコロケーションには、sea and air travel「海と空の旅」、space travel「宇宙旅行」、worldwide travels「世界中をめぐる旅」などがあります。

一方、名詞tripで終わる特徴的なコロケーションには、a day trip「日帰り旅行」、a shopping trip「買い物に行くこと」、a school trip「遠足、修学旅行」、a field trip「見

学旅行、研究調査旅行」、a fishing trip「釣り旅行」、a weekend trip「週末の旅行」など、さまざまな組み合わせがあります。これらのコロケーションではtripの代わりにtravelを使うことは一般的にはありません。また、travelとtripが両方使えるものとしては、「出張」を意味する a business trip、business travel、「鉄道旅行」を意味する a train trip、train travel、「バス旅行」a bus trip、bus travel、「海外旅行」an overseas trip、overseas travel などがあります。

Q3 の正解は **tour** です。tourは「周遊旅行、視察」という意味の数えられる名詞で、日本語では団体旅行の添乗員は「ツアーコンダクター（tour conductor）」という表現になじみがありますが、英語ではtour guideやtour courierを使います。travel guideという言葉もありますが、多くの場合「旅行案内書」の意味で使われます。他にa tour operator「旅行業者」、tour buses「観光バス」があります。tourを修飾する表現として、a package tour「パック旅行」、the European tour「ヨーロッパ旅行」などがあります。

Q4 は **journey** が正解です。journeyは「長い旅行、（比喩としての）旅」という意味の数えられる名詞で、life is a trip [travel/tour]という例文はほとんど見かけません。このようにjourneyは、しばしば実際の「旅」ではなく、人生にたとえて、a spiritual journey「精神的な旅、心の旅」やmy life journey「私の人生の旅」のように用いられることがあります。

確かめ問題 **空欄を埋めましょう。**
「明日、遠足で日光に行く」
I'm going to Nikko on a school (　　　) tomorrow.

 N o t e

「旅」を表す単語としては、他にvoyage、excursion、hikeがあります。

voyageは、a sea [ocean] voyage「航海」のように、また宇宙を海に見立ててa space voyage「宇宙旅行」のようにも使います。excursionは、グループでの比較的短い期間の旅で、a weekend[two-day] excursion「週末の[2日間の]旅行」やa boat[river] excursion「ボート[川]での遊覧」などのように使います。hikeは山や丘や田舎を歩き回る徒歩旅行のことで、a long[ten-mile] hike「長距離の[10マイルの]徒歩旅行」のように、距離を表す表現と一緒に使われます。

「旅」を表す名詞と一緒に使う動詞（句）は、次のように go on と make です。

1. I want to go on [make] a trip to London.「ロンドンへ旅行したい」
2. I want to go on [make] a journey to London.「ロンドンへ旅行したい」
3. I want to go on [make] a tour of [to] London.「ロンドンにツアー旅行したい」
4. I wan to go on [make] a voyage to Hawaii.「ハワイへ船で旅をしたい」
5. I wan to go on [make] an excursion to a zoo.「動物園に遠足で出かけたい」
6. I wan to go on [make] a hike to Brighton.「ブライトンまで徒歩で旅をしたい」

　ここで注意したいのは、名詞 travel に関しては同じ形をした動詞があるので、go on や make と一緒には使わないで、下記のように動詞 travel を使う点です。

7. I want to travel to London.「ロンドンへ旅行したい」

| 確かめ問題の答え |　trip

「スポーツ」の英語とコロケーション

judo, baseball など

今回は「スポーツ」に関するコロケーションを学びましょう。野球、テニス、柔道、レスリング、水泳、ボウリングなど、さまざまなスポーツがありますね。では、「野球をする」、「テニスをする」、「柔道をする」、「レスリングをする」の場合の「する」に当たる英語は何でしょうか。動詞doやplayが考えられますが、その違いは何でしょうか。

問題

doまたはplayを適切な形にして、空欄を埋めましょう。

Q1: 彼は、サッカーをしていたときに膝を捻挫（ねんざ）した。
He twisted his knee when he was (　　　) soccer.

Q2: 私の父は、毎週日曜日にゴルフをします。
My father (　　　) golf on Sundays.

Q3: 私は相撲を取るのも見るのも好きです。
I like (　　　) and watching sumo.

Q4: 私たちは最初に柔道をして、それからバレーボールをしました。
First we (　　　) judo, and then we (　　　) volleyball.

正解と解説 競技によって仲良しの動詞は異なります。

Q1 の「サッカー」soccerと仲良しの動詞はplayで、when以下は過去進行形の文なので、進行形 **playing** が正解。そして、**Q2** の「ゴルフ」golfと仲良しの動詞もplayで、主語がMy fatherなので、三人称単数の現在形 **plays** が正解です。Q1とQ2には同じ動詞playが入りますが、共通点は何でしょうか。答えは、どちらも球技だという点です。球技には他にも、「テニス」tennis,「卓球」table tennis,「バスケットボール」basketball、「ラグビー」rugby,「ハンドボール」handball,「ホッケー」hockeyなどがあり、仲良しの動詞はすべてplayです。

一方、**Q3** の「相撲」sumoと仲良しの動詞はdoですが、動詞likeの目的語なので動名詞 **doing** が正解。相撲は格闘技に分類され、格闘技や武道と仲のいい動詞は、playではなくdoです。こうした名詞には、例えば、「空手」karate、「武道」martial arts、「合

17

気道」aikido、「剣道」kendoなどがあります。したがって、 Q4 の「柔道」judoは武道なので、動詞doの過去形の**did**、「バレーボール」volleyballは球技なので動詞playの過去形**played**が正解です。

　注意点としては、どのスポーツも定冠詞theや不定冠詞a [an]を付けないことです。例えば、×He was playing a soccer.や×I like doing the sumo.はどちらも間違いです。なお、soccerはイギリスでは一般的にはfootballと呼ばれますが、アメリカでは、footballと言うと一般的には「アメリカンフットボール」American footballのことを意味します。

　スポーツの中には、動詞playやdoを使わず、特定の動詞を使うものもあります。例えば、「水泳をする」swim、「スキーをする」ski、「スケートをする」skate、「ボウリングをする」bowlなどです。ちなみに、「練習する」ことを伝えたいときは、動詞practice (イギリス英語ではpractise)を使って、practice soccer [golf/sumo/kendo]と表現することができます。球技や格闘技にかかわらず、practice swimming [boxing]と言うことができます。

　では、「何かスポーツをやっていますか？」の場合は、playを使うでしょうか、doを使うでしょうか。この場合は、Do you play any sports?でもDo you do any sports?でも、どちらも大丈夫です。playやdoを使わないで、Do you enjoy any sports?とも言うことができます。自分の好きなスポーツは、英語で説明できるようにしておきましょう。

確かめ問題

空欄を埋めましょう。
「彼女は、空手の前にバスケットボールをやりました」
She (　　　) basketball before she (　　　) karate.

 N o t e

　ボウリングは球技ですが、play bowlsと言うと「ローンボウルズ」という別のスポーツになります。これは、整備された芝生の上で目標球にボウを近づけるゲームです。年齢や体力などに関係なく誰もが楽しめるスポーツなので、生涯スポーツとして最適であると言われています。

　球技の中にはイギリス発祥のスポーツがあります。例えば、イギリスで最も人気のあるスポーツfootball、つまりsoccerは、イギリスで始まったスポーツだと言われています。イギリスで始まったもう1つのfootballは、rugby footballです。このスポーツは、裕福な上

流や中流家庭の少年たちが通う私立学校（public school）の1つであるラグビー校（Rugby School）で始まったので、rugbyという名前がついています。

　スポーツ名に関しては、badmintonもイギリスのAvon州にあるthe Duke of Beaufort「ボーフォート公爵」の領地名Badmintonに由来しています。このスポーツは、もともとはインドで行われていたスポーツでしたが、この競技が初めて行われた場所がBadmintonだったので、それ以降badmintonと呼ばれるようになりました。

　ポロ（polo）もイギリスから広まったスポーツです。このスポーツは、2,500年くらい前に中東を中心に行われていて、19世紀に、インドでポロを覚えた軍人たちによってイギリスに持ち込まれたようです。選手が馬に乗り、マレットと呼ばれる棒で球を奪い合い、相手チームのゴールにその球を入れる競技です。

　ここで述べたfootball、soccer、rugby、badminton、poloは、すべて球技ですので、これらのスポーツを「する」の動詞はplayです。

| 確かめ問題の答え | played, did

「問題」の英語とコロケーション

....
question, problem, trouble, matter

「問題」という日本語に相当する英語には、question、problem、trouble、matter、issue、affair、subject、exerciseなどがあります。今回は、前半4個の「問題」、つまりquestion、problem、trouble、matterの違いを学んでいきます。

問　題

単複に注意をしながら、空欄を埋めましょう。（答えは1つとは限りません）

Q1： 彼はいつもいろいろな問題を起こします。
　　　 He always causes a lot of (　　　).

Q2： それは単に時間の問題です。
　　　 It is only a (　　　) of time.

Q3： 英文法に関する最初の問題は、本当に難しかった。
　　　 The first (　　　) on English grammar was really hard.

Q4： 彼女は、地球の環境問題における国連の中心的な役割を強調した。
　　　 She emphasized the central role of the U.N. in global environmental (　　　).

正解と解説 どのような文脈で用いられているか、考えてみましょう。

　日本語で「問題」と言うときは、意味的には大きく次の3つに分けられます。(1)好ましくない意味、(2)中立的な意味、(3)疑問や質問や解答を必要とする問いの意味。ここに今回の4単語を当てはめると、(1)はproblemとtrouble、(2)はmatter、(3)はquestionとなります。これを基本にして、空欄に入る適切な語を考えてみましょう。

　Q1 の「問題」は、好ましくない面倒な出来事の意味なので、**problems** と **trouble** が正解。ここでの「問題」は「厄介なこと」とも置き換えられ、「いろいろな問題」なので、複数の問題を意味します。したがって、problemは複数形problemsとなりますが、「面倒な問題」の意味ではtroubleは数えられない名詞なので、単数となります。

　Q2 の「問題」は、中立的な意味なので、**matter** が正解です。この例文の「問題」は中立的ですが、時間が好ましくない「問題」として扱われている文脈では、problemが使われ

ます。

Q3 の「問題」は練習問題や試験問題のことなので、**question** が正解。他の3つの単語を使うことはできません。

Q4 の「環境問題」は、「環境に好ましくない事態」と考えれば problems も troubles も当てはまりそうですが、一般的には **problems** が使われます。また、「環境問題」を「環境に関する話題」と考えれば、中立的なので **matters** も正解です。

好ましくない「問題」を表す problem と trouble には、コロケーションの面で違いがあるのでしょうか。problem と trouble の用例を調べてみると、両方とも動詞 have「ある」、cause「引き起こす」、create「生じる」と一緒に使われています。しかし、興味深いことに、problem は動詞 solve「解決する」、tackle「取り組む」、overcome「克服する」と一緒に使われ、一方 trouble は、動詞 avoid「避ける」、escape「逃れる」、forget「忘れる」と一緒によく使われることが分かりました。したがって、problem は「解決し、取り組み、克服する」もので、trouble は「避けて、逃れて、忘れる」ものということになります。それぞれに典型的な例を挙げておきます。このように、他の語との関係でその違いを調べてみると、一見同じような意味を表す単語でも、その違いが浮き彫りになります。

- Try to avoid similar trouble in the future.
  「将来、同様の問題が発生しないようにしてください」
- We have to tackle the problem of acid rain.
  「私たちは酸性雨の問題に取り組まなければならない」

確かめ問題

空欄を埋めましょう。
「私たちは公害問題を克服しなければならない」
We must overcome pollution (　　　　).

Ｎ ｏ ｔ ｅ

　Q3の英文法に関する「問題」は、試験問題のことなので question が正解でしたが、これが英文法ではなく数学の試験問題の場合は、problem も正解となります。この場合、論理的・数学的思考を使って解決する問題を意味します。数学の「問題に答える[解く]」の場合、answer problems ではなく、数学的な知識を使って問題を解決するということで、solve problemsとなります。

　「問題」を意味する名詞issueは、政治的・社会的な問題に関して使われます。形容詞politicalと「問題」を意味する名詞とのコロケーションで最も多いのは、political issue「政治的問題」です。また、environmentalが修飾する「問題」の場合も、environmental issue「環境問題」が多く見られるコロケーションです。

　affairも政治的・社会的な問題を表しますが、issueに比べると外交関係への表現において使われ、通常は複数形です。例えば、foreign affairs「外交問題」、domestic [home] affairs「国内[内政]問題」、current affairs「時事問題」等がその例です。

　中立的な意味を表す「問題」は、matterの他にsubjectがあります。例えば、He has strong opinions on the subject.「彼はこの問題には確固たる意見を持っている」、Let's turn to a different subject.「別の問題に移りましょう」などの例です。ここでのsubjectは、「話題」や「テーマ」という日本語に置き換えることもできます。

| 確かめ問題の答え | problems

「家」の英語とコロケーション

....

house, home

今回は「家」に関するコロケーションを学んでいきます。日本語の「家」についての基本的な英語表現を整理してみましょう。

問 題

適切な語または語句で、空欄を埋めましょう。 (答えは1つとは限りません)

Q1 : 父は日曜日には家にいます。
　　　　My father is (　　　) on Sunday.

Q2 : 京都では、私は伯母の家に泊まりました。
　　　　In Kyoto I stayed at my aunt's (　　　).

Q3 : あなたは、今朝、何時に家を出ましたか。
　　　　What time did you leave the (　　　) this morning?

Q4 : 私は、医者の家に生まれた。
　　　　I was born into a (　　　) of doctors.

正解と解説　使い方にどんな違いがあるか、見てみましょう。

Q1 の正解は **home** です。この場合のhomeは副詞です。前置詞を伴ってat home ともできますが、その場合のhomeは名詞になります。「家に帰る」はgo [come] homeとなり、このhomeが副詞であることを理解していないと、×go [come] to homeと前置詞toを間違って加えてしまうので注意してください。　**Q2** の正解は一般的には **house** ですが、homeやplaceも使うことができます。　**Q3** はQ2と同じようにhouseとhomeが正解に思えますが、使えるのは **house** だけです。homeは名詞ですが、What time did you leave home this morning?のように、冠詞や所有格を付けないで使います。両者の基本的な違いは、houseは「人が住む建物としての家」で、homeは「家族と一緒に住む場所」を表します。最近では、Q2の例文に見られるように、名詞houseとhomeはほとんど interchangeable (交換可能な)です。ただし、品詞という点で考えると、homeには名詞だけでなくQ1のように副詞の使い方もありますが、houseはそのような使い方はできません。また、形容詞とのコロケーションで比較すると、houseとhomeの違いがよく分かります。a broken houseは、建物として「壊れた家」ですが、a broken homeは、建物では

なく、機能として「崩壊した家庭・家族」のことを指します。

Q4 は建物としての「家」ではなく、「家柄・家系」を表すので、正解は **family** です。

「家」に関する表現で気をつけることがいくつかあります。日本語の「マンション」を表す英語は、mansionではなくapartmentで、イギリス英語ではflatを使います。英語のmansionは「大邸宅」を意味します。また、homeの複合語であるhometown「故郷」、homework「宿題」、homesick「ホームシックの」では、homeの代わりにhouseを使うことはできません。同じように使える単語でも、このように詳細に見ると、いつも交換可能であるというわけではありません。

> **確かめ問題**
>
> **空欄を埋めましょう。**
> 「モンタナにいる友人クリフの家は、私の第二の家だ」
> My friend Cliff's (　　　) in Montana is my second (　　　).

📝 **N o t e**

　日本語の「ホーム」は、さまざまな和製英語を作り出しています。借家に対して持ち家のことを日本語で「マイホーム」と言いますが、英語ではmy (own) houseと言い、家庭ではなく建物を意味するので、homeではなくhouseを使います。英語でmy homeと言うと、建物としての家ではなく、「自分の家庭」を言います。

　・My home is my castle.「我が家（家庭）は私の城です」

　自分の家庭の幸福を最優先する生き方を、日本語では「マイホーム主義」と言いますが、英語ではfamily-oriented[home-oriented] way of lifeやhome-and-family-centered way of lifeと言い、「マイホーム主義者」のことは、family manやfamily-oriented[home-oriented] personと言います。また、その家のかかりつけの医者のことを、日本語では「ホームドクター」と言いますが、英語ではfamily doctorです。

　さらに、野球で「ホームインする」は、scoreやreach [get] home、あるいはcross the plateなどと言います。本塁への盗塁は「ホームスチールをする」と言いますが、英語ではsteal homeと言います。

　日本語の「ハウス」に関する和製英語もあります。作物の苗を育てたり栽培するためにビニールなどで覆った簡単な温室を、日本語では「ビニールハウス」と言いますが、英語ではplastic greenhouseと言います。greenhouseとは「温室」のことです。

| 確かめ問題の答え | house, home

「機会」の英語とコロケーション

chance, opportunity

「機会」を表す英語の単語としては、chanceやopportunityがすぐに頭に浮かびます。この2つの単語に使い方の違いはあるのでしょうか。また、他の英語表現はないのでしょうか。

問 題

適切な語で空欄を埋めましょう。（答えは1つとは限りません）

Q1： これは彼が自分の能力を見せる絶好の機会です。
This is a golden (　　　) for him to show his ability.

Q2： 目的を達成するために利用できる、あらゆる機会を捉えなさい。
Take every (　　　) available to achieve your purpose.

Q3： 政府は雇用における機会均等を積極的に促進すべきです。
The government should actively promote equal (　　　) in employment.

Q4： その話は別の機会にしましょう。
We'll talk about that topic another (　　　).

正解と解説　使い方にどんな違いがあるか、見てみましょう。

「機会」を意味するchanceとopportunityは同じ意味で用いられることが多く、コロケーションの面でも、多くの場合、同じ形容詞や動詞と一緒に使われます。違いとしては、chanceは、人がコントロールすることのできない「偶然の機会」について用いられ、opportunityは「何かやりたいことや目標達成するのに都合のよい機会、好機」を意味するときに用いられます。

Q1 では一般的な「機会」を意味しているので、**opportunity** と **chance** が正解です。**Q2** はavailableとの相性の問題で、正解は **opportunity** です。chanceも可能ですが、コロケーションとしては奇妙な結びつきとなります。given half a chance「ちょっとでも機会があれば」や、a fat chance「ほとんど機会がないこと、見込み薄」では、opportunityに置き換えることはできません。**Q3** の正解は **opportunity** です。コロケーションの点ではequal chanceは可能なのですが、ここでの「機会均等」は、雇用に関するものであること、そして「偶然の機会」を当てにするのではなく、人の意志を持って

activelyに促進するものなので、chanceは適当ではありません。「男女雇用機会均等法」は英語ではthe Equal Employment Opportunity Actとなり、ここではchanceを使うことはできません。 **Q4** の場合はopportunityもchanceも使えません。これは文法的な問題で、正解は **time** となります。another timeは名詞句ですが、ここでは副詞的に使われています。opportunityやchanceを使って、We'll talk about that topic at the next possible opportunity [chance]. と言うことはできますが、この場合はフォーマルなビジネスでの会話で使われる印象を与えます。

確かめ問題

空欄を埋めましょう。
「教育における機会均等の考えのもと、女子学生は男子学生と同じように扱われるべきです」
Under the concept of equal (   ) in education, a female student should be dealt with in the same way as a male student.

📖 **N o t e**

opportunityとchanceは、多くの場合どちらも同じように使うことができます。違いとしては、opportunityのほうがchanceより形式張った文脈で使われる傾向があります。また、いくつかの語とのコロケーションでは、置き換えることができません。例えば、opportunityしか用いることができない例として次のものがあります。

1. There are more job opportunities in this town.
   「この町には雇用の機会がもっとある」
2. Women are denied educational opportunities in the country.
   「その国では、女性は教育を受ける機会が与えられていない」
3. I would like to take every opportunity available.
   「私は利用できるあらゆる機会を捉えたい」
4. The results of this research will be reported at the earliest possible opportunity.「この研究の結果はできるだけ早い機会に報告されるでしょう」

一方、chanceしか用いることができない例として、by chance「偶然に」やa chance meeting「偶然の出会い」があります。
5. He met her again by chance in London.
   「彼はロンドンで偶然彼女に再会した」
6. I'm glad for this chance meeting.「私はこの偶然の出会いを喜んでいます」

| 確かめ問題の答え | opportunity

「仕事」の英語とコロケーション

job, work

今回は、「仕事」を表す英語、jobとworkについて考えてみます。早速、問題を解いてみましょう。

問題

jobまたはworkを使って、空欄を埋めましょう。
（答えは1つとは限りません）

Q1： 彼はどの前任者よりも仕事がよくできる。
　　　 He can do the (　　　) better than any before him.

Q2： フルタイムとパートタイムの仕事では、どちらをお望みですか。
　　　 Do you prefer a full-time or part-time (　　　)?

Q3： 自分の仕事を明日まで放っておくな（今日中に仕事を終えなさい）。
　　　 Don't leave your (　　　) till tomorrow.

Q4： これはあなたの犬の仕業です。
　　　 This is the (　　　) of your dog.

正解と解説 **使い方にどんな違いがあるか、見てみましょう。**

「仕事」を意味するjobとworkは、多くの場合、類義語として交換可能です。基本的な違いとしては、jobは「職業としての具体的な仕事」を意味しますが、workはjobよりも広い意味で使われ、職業としての仕事だけでなく「広範囲の活動としての仕事」を意味します。

Q1 は job も work もどちらも正解です。 **Q2** では job が正解ですが、不定冠詞 a[an]がなければworkが正解です。というのは、workは数えられない名詞なので、part-time workと言えても、×a part-time workや×part-time worksと言うことはできません。同じように、「仕事を探す」はlook for a jobですが、workを使う場合は不定冠詞を使わないでlook for workとなります。

Q3 の「仕事」は **work** です。Q3のworkをjobに置き換え、leave one's jobとすると、「仕事を辞める、辞職する」という意味になり、workの場合とは別の意味となってしまいま

27

す。ちなみに、所有格(my, your, her, hisなど)を付けずにleave workとすると、I left work for home at 5 yesterday.「昨日は5時に仕事を切り上げて、帰宅の途につきました」のように、「退社する」という意味になります。Q3は「今日中に仕事を終えなさい」の日本語のほうが分かりやすいと思いますが、この場合は、Finish your work today.が一般的です。workを使わず、Never put off till tomorrow what you can do today.「今日できることは明日まで延ばすな」ということわざを使って表現することもできます。

Q4 の正解は **work** です。jobもworkも人間の行為に限らず動物などにも使用できますが、例えば「クッションをぼろぼろにする」や「花壇を荒らす」などの「仕業」を表せるのは、workだけです。

「仕事」を表すworkはjobに比べると意味が広いため、多くの複合語(2語以上の内容語が結合して作られる語)があります。例えば、lifework「一生の仕事」、homework「家庭での仕事、宿題」、workshop「仕事場、(小規模の)研究会」、worksheet「作業の進行表、練習問題紙」などです。このような複合語ではjobに置き換えることはできません。

確かめ
問題
空欄を埋めましょう。
「彼女は秘書の仕事をしています」
She has a (　　　　) as a secretary.

 N o t e

workにはjobに比べると多くの複合語があることを指摘しましたが、また、多くの決まり文句やことわざがあります。次の例を見てください。
　1. "How's everything?" "All work and no play."
　　「調子はどう？」「仕事ばっかりだよ」
本来のことわざは、All work and no play makes Jack a dull boy.「勉強ばかりで遊ばないと、ジャックは馬鹿な男の子になる」です。これは、「よく学びよく遊べ」としても知られています。また、「仕事ばかりの人間はおもしろみがない」とも解釈されます。例文は、このことわざを踏まえて挨拶の言葉として使っています。

次のことわざも興味深い内容です。
　2. Everyone's work is nobody's work.
　　「みんなの仕事は誰の仕事でもない」
みんながしなければならない事は、誰かがやるだろうと思って結局は誰もしない、という

意味です。

　もう1つ紹介します。
　　3.　Many hands make light work.
　　　「人手が多いと仕事は楽になる」
このことわざのlightをslight「たいしたことのない」に換えると、別の意味のことわざとなります。
　　4.　Many hands make slight work.
　　　「人手が多いと仕事はいい加減になる」

　他の人がやってくれるだろうとみんなが他人の力をあてにし、責任を持って仕事をする人がいないので、いい加減な仕事になってしまうという意味です。

｜確かめ問題の答え｜ job

「休暇、休日」の英語とコロケーション

··

holiday, vacation, day off

「休暇、休日」を表す英語にはholiday、vacation、day offなどがあります。これらにどのような違いがあるのか、コロケーションの視点から考えてみましょう。

問 題

適切な語または語句で空欄を埋めましょう。（答えは1つとは限りません）

Q1： よい休暇をお過ごしください。
　　　 Have a good (　　　　).

Q2： 来週は休暇を3日とることにしました。
　　　 I've decided to take three (　　　　) next week.

Q3： 日本では、5月4日は「みどりの日」という国民の祝日です。
　　　 May 4 is a national (　　　　) called "Greenery Day" in Japan.

Q4： 気分転換にちょっと休暇が必要だと感じています。
　　　 I feel I need a little (　　　　) for a change.

正解と解説 　使い方にどんな違いがあるか、見てみましょう。

　「休暇、休日」を表す英単語holidayの本来の意味はholy「神聖なる」day「日」で、宗教的な意味での「聖日・祝日」です。しかし、現在では、国が定めた宗教とは関係のない祝日にも、個人的にとる休日にも使われます。vacationはvacate「（家や部屋を）空ける」ことが本来の意味です。そして、day offは「学校や仕事がない日」を意味します。

　Q1 の「休暇」は、一般的には **holiday** と **vacation** が正解ですが、Have a good day off. も使われるので、**day off** も正解です。holidayは主にイギリス英語で、vacationはアメリカ英語で使われます。日本では土曜と日曜も休日ですが、「休暇」は土曜や日曜などの休日以外にとる休みのことを指すので、英語ではholidayやvacationは通常は土曜と日曜には使わず、Have a good weekend!「よい週末を！」のようにweekendを使います。

　Q2 の「休暇」は「3日」なので、複数形の **days off** が正解です。複数形のvacations

を使ってthree vacationsとすると、夏の休暇やクリスマスの休暇などの3種類の休暇を意味することになるため、ここでは使えません。vacationを使うためには、不定冠詞a［an］を補って、to take a three-day vacationとすれば可能です。また、holidayもto take a three-day holidayとすれば正解ですが、×three holidaysのように日数と合わせて複数形で使うことはできません。

　　Q3 は国が定めた「祝日」なので、正解は **holiday** のみです。「祝日」の英語としてはpublic holidayがあります。また、アメリカ英語では、法律で定められたという意味で、legal holidayとも言います。イギリス英語ではbank holidayとも呼ばれます。

　　Q4 は「休暇」を表す英語と形容詞a littleとのコロケーションです。正解は **holiday** と **vacation** です。a littleの他にlong［short］vacation［holiday］「長い［短い］休暇（旅行）」のように、期間を表す形容詞が修飾して、単に休暇だけでなく休暇中の旅行を含意している場合があります。day offはこれらのいずれの形容詞とも一緒に使えず、I feel I need a day off［a few days off］for a change.のように、日数を示して使います。

空欄を埋めましょう。
「独立記念日（7月4日）はアメリカ合衆国の法定休日です」
Independence Day (July 4) is a legal (　　　　) in the United States.

📖 N o t e

　　holidayとvacationには、「休暇」だけでなく、休みをとって出かける旅行である「休暇旅行」の意味もあります。この意味での「形容詞［名詞］＋holiday[vacation]」のパタンの中には、興味深いコロケーションがあります。
　　1. We couldn't afford to go on foreign holidays.
　　　「私たちには外国へ休暇旅行に出かける余裕はなかった」
foreign holidaysとは、「外国で過ごす休日」のことです。

　　2. The travel agent organizes package holidays to Korea.
　　　「その旅行代理店は韓国へのパッケージツアーを行っている」
package holidayとは、旅行代金の中に旅行費、宿泊費、食事代が含まれる団体旅行のことです。

3.   We had to cancel the family vacation.
「私たちは家族旅行をキャンセルしなければならなかった」
family vacationとは、家族が揃って休みをとって出かける旅行のことです。

4.   We took a walking vacation in Kyoto.
「私たちは休暇中、京都を歩き回った」
walking vacationとは、休暇旅行でもっぱら徒歩旅行を行うことです。他に、skiing [camping] vacationなどのように、スキーやキャンプ旅行などをして過ごす休暇を意味するコロケーションもあります。

5.   The prize is a two-week vacation for two in Italy.
「賞品は、イタリアでの2名分の2週間の休暇旅行です」
このa two-week vacationは、a two weeks' vacationと表記することもできます。

| 確かめ問題の答え | holiday

「約束」の英語とコロケーション

··

promise, appointment

「約束」と聞いて思いつく英単語にpromise、appointmentなどがありますが、使い方に違いはあるのでしょうか。コロケーションの点から早速考えてみましょう。

問 題

promiseまたはappointmentを使って、空欄を埋めましょう。
（必要なら冠詞も加えてください。答えは1つとは限りません）

Q1： 私は自分自身に約束した。
　　　I made (　　　) to myself.

Q2： 堀正広という者ですが、ジョセフ教授と3時にお会いする約束をしております。
　　　I am Masahiro Hori. I have (　　　) to meet Professor Joseph at 3 o'clock.

Q3： 急がないと約束の時間に遅れてしまうよ。
　　　Hurry up, or we'll be later for the (　　　).

Q4： 彼は約束を守らないような男ではありません。
　　　He is not the kind of man who does not keep (　　　).

正解と解説　**使い方にどんな違いがあるか、見てみましょう。**

　日本語の「約束」は、「ある物事についての取り決め」を意味しますが、英語では、取り決めの内容によって区別されます。つまり、「行う、または行わない行為の取り決め」はpromiseで、「日時や場所を決めて会う取り決め」はappointmentです。

　Q1 の「約束」は何かしらの「行為の取り決め」なので、**a promise** が正解です。一緒に使う動詞に気をつけましょう。「約束する」はmake a promise、「約束を守る」はkeep a promiseです。

　Q2 の「約束」は「時間と場所を決めて会う取り決め」ですので、**an appointment** が正解です。興味深いことに、appointmentと一緒に使う動詞は、名詞promiseと同じ

makeまたはkeepで、「約束する」はmake an appointment、「約束を守る」はkeep an appointmentとなります。

Q3 は、「約束の時間」ですから、「時間と場所を決めて会う取り決め」です。正解は **appointment**。ここでpromiseを使うことはできません。

Q4 の「約束」は、この人物の一般的な評価としての「約束」を意味するのであれば、**a promise** または **promises** ですが、待ち合わせの場所でこの人物を待っているときに発言され、「会う約束」について言及しているのであれば、**an appointment** または **appointments** になります。ここではpromiseとappointmentが交換可能というわけではなく、状況によってどちらかを選ばなければなりません。

これまで見てきたように、英語のpromiseとappointmentは、日本語では「約束」と訳されますが、同じ意味で使われる類義語ではありません。ちなみに「結婚の約束」は、英語ではengagementですが、この単語はフォーマルな会合などの約束にも使います。例えば、a dinner engagement「ディナーの約束」、a speaking engagement「講演の約束」などです。

確かめ問題

空欄を埋めましょう。
「彼は約束の日を間違えた」
He mistook the day of the (　　　　).

📖 N o t e

「約束」を意味するappointmentとpromiseの違いを、「appointment + to do」と「名詞promise + to do」の構文のパタンの点から調べてみましょう。「appointment + to do」のパタンで最も多いのは、動詞seeとのコロケーションです。
1. I have an appointment to see Professor Ostman at 1:30.
   「私は1時30分にオストマン教授に会う約束をしています」
2. We can arrange an appointment to go and see him.
   「私たちは彼と会う約束を取り決めることができます」

他には動詞meetとのコロケーションもあります。「appointment + to do」は、「会う約束」を意味するのがこの構文のパタンの特徴です。

では、「名詞promise + to do」ではどうでしょうか。appointmentに比べて、このパタンは多くはありません。

3. I made a promise to pay later.
「私は後で支払う約束をした」
4. I am under no promise to make a payment.
「私は支払う約束など全くしてはいない」

　「名詞promise + to do」のパタンは少ないのですが、その代わり「動詞promise + to do」の使用が多く見られます。そのときの動詞は、多い順にbe、do、give、keep、take、make、have、come、go、bringで、具体的な「約束の内容を表す」動詞です。

5. He promised not to be late.
「彼は遅刻しないと約束した」
6. They promised to give us something in return.
「彼らはお返しに何か私たちにあげると約束した」

　このように、appointmentとpromiseの違いは、構文のパタンと一緒に使われる動詞にも見られます。

| 確かめ問題の答え | appointment

「予約」の英語とコロケーション

appointment, reservation

今回は、「予約」を表す名詞を扱います。「予約」を表す英語には、主にappointment、reservationがありますが、違いはあるのでしょうか。コロケーションの点から考えてみましょう。

問題

appointmentまたはreservationを使って、空欄を埋めましょう。
（必要なら冠詞も加えてください。答えは1つとは限りません）

Q1： 私は今日の午後に歯医者の予約をしています。
I have a dental (　　　　) this afternoon.

Q2： 明日の夜7時ごろに食事の予約をしたいのですが。
I'd like to make (　　　　) for dinner tomorrow night around seven o'clock.

Q3： すみません、予約を取り消したいのですが。
Excuse me, but I would like to cancel my (　　　　).

Q4： コンサートのチケット予約は、このURLへアクセスしてください。
Please access to this URL to make (　　　　) for concert tickets.

正解と解説 使い方にどんな違いがあるか、見てみましょう。

前回、「約束」の説明で、「日時や場所を決めて人と会う取り決め」の場合はappointmentを使うことを学びました。今回説明する「前もってする約束」、つまり「予約」を表す英語は、その内容によって異なります。医院や美容院などで医者や美容師と会って、「専門的な行為をお願いする、予約する」場合はappointment、ホテルや劇場、列車などの「部屋や席を予約する」場合はreservationを使います。

Q1 は「歯医者の予約」ですので **appointment** が正解です。 **Q2** の「食事の予約」は、食事をする場所や席を予約するので **a reservation** が正解。

Q3 の「予約」は、医院や美容院との予約なのか、ホテル、劇場、列車などの場所や席

の予約なのかがはっきりしないので、**appointment**と**reservation**の両方とも正解です。ただし、appointmentとreservationは交換可能ということではなく、状況によってどちらかを選ばなければなりません。

Q4 は「チケット予約」で、人と会うのではなくコンサートホールの席を確保する予約ですので、**a reservation**または**reservations**が正解です。

「予約」を表すその他の英語表現としては、reservationと同じ使い方をするbookingがありますが、これは主にイギリス英語で使われます。飛行機の座席やホテルの部屋などの予約を別々の客から二重に予約を受け付けることを、double bookingと言いますね。また、magazine subscription「雑誌の予約（定期）購読」のように、新聞や雑誌の定期購読の「予約」にはsubscriptionを使います。さらに、商品の「予約注文」は、advance orderと言います。

確かめ
問題

空欄を埋めましょう。
「彼は弁護士と会う予約があったので、レストランの予約をキャンセルした」
He canceled his (　　　) at the restaurant because he had
(　　　) with a lawyer.

📖 N o t e

「予約」を表すappointmentとreservationの違いを、さらにコロケーションの構文パターンの点から見てみましょう。まず、「appointment＋at 〜」と「reservation＋at 〜」の場合です。

1. She had an appointment at her hairdresser's for ten o'clock.
   「彼女は10時に美容院の予約をしていた」
2. Have you got an appointment at the clinic?
   「診療所の予約をしていますか？」
3. She made a reservation at a restaurant.
   「彼女はレストランを予約しました」
4. I have revised your reservations at the Hilton Hotel.
   「私はヒルトンホテルのあなたの予約を変更しました」

appointmentの場合は、atの後には美容院や病院が来ますが、reservationの場合

は、atの後にはレストランやホテルが来ます。では「形容詞または名詞＋appointment」と「形容詞または名詞＋reservation」の場合はどうでしょうか。

5. I have a doctor's appointment at 9 o'clock.
   「私は9時に診察の予約がある」

6. He made a hair appointment for her.
   「彼は彼女のために美容院の予約をした」

7. Our travel agent has arranged airline, hotel, and car rental reservations.
   「我々の旅行代理店は、航空機、ホテル、レンタカーの予約を取ってくれた」

appointmentを修飾するのは病院や美容院などですが、reservationの場合は航空機やホテルなどです。appointmentとreservationの違いが、コロケーションの点から浮き彫りになります。

| 確かめ問題の答え | reservation, an appointment

「贈り物」の英語とコロケーション

....

present, gift

今回は「贈り物」です。「贈り物」を表す英語にはpresentやgiftなどがありますが、どんな使い方の違いがあるのでしょうか。コロケーションの点から考えてみましょう。

問題

presentまたはgiftを使って、空欄を埋めましょう。
（答えは1つとは限りません）

Q1： 誕生日の贈り物をありがとう。
　　　　Thank you very much for the birthday (　　　).

Q2： 読者の皆さまへ贈り物をお送りします。
　　　　We'll be pleased to send you a free (　　　) to every reader.

Q3： 彼女の声は、神からの贈り物です。
　　　　Her voice is a (　　　) from God.

Q4： このデパートの贈答品（贈り物）売り場はどこですか?
　　　　Where is the (　　　) section in this department store?

正解と解説 使い方にどんな違いがあるか、見てみましょう。

　贈り物を表す一般的な英語の単語はpresentで、家族や友人などに対して使い、親しみの気持ちの表れとしての贈り物を意味します。一方、giftは少し形式張った儀礼的な語です。しかし、それ以外にもこの2つの語には違いがあります。解説を読んでみましょう。

　Q1 の「誕生日の贈り物」では、**present** も **gift** も使うことができます。Christmas present [gift]「クリスマスの贈り物」、wedding present [gift]「結婚祝い」でも同様です。 日本語では、贈り物をするときに「つまらないものですが」とへりくだる表現を使いますが、英語圏では使いません。しかし、We have a small present [gift] for you.「あなたにささやかな贈り物があります」のように、smallとのコロケーションはしばしば見られます。

　Q2 は広告の宣伝に見られる表現で、presentは形容詞freeと一緒には使えません。よって、正解は **gift** です。また、free giftは「景品」、「付録」、「おまけ」、「粗品」などの意

味で使われ、by free giftは「ただで」という意味になります。

Q3 の「神からの贈り物」とは、天から与えられた贈り物、つまり「生まれつき持っている才能や能力」を意味します。正解は **gift** です。ここでpresentを使うことはできません。同様の例として、This beautiful view is a gift from Mother Nature.「この美しい景色は母なる自然からの贈り物です」や、A child is a gift from heaven.「子どもは天からの授かり物です」が挙げられます。これらの例のgiftは比喩的に使われています。

Q4 の「贈答品（贈り物）売り場」は商業用語ですので、**gift** が正解です。gift counterとも言います。店や公的な場での儀礼的なやりとりではpresentではなくgiftを使い、Would you put the watch in a nice gift box?「その時計をきれいな贈答用の箱に入れていただけますか?」のように言います。他に、gift wrap「贈答用包装紙」、gift certificate[token]「(贈答用)商品券」などがあります。ちなみに、ギフトカードは和製英語で、アメリカ英語ではgift certificate、イギリス英語ではgift tokenと言います。

空欄を埋めましょう。
「私は商品券を使って、娘の卒業祝いの贈り物を買いました」
I bought a graduation (　　　) for my daughter with a (　　　) certificate.

📖 Ｎｏｔｅ

　presentとgiftの違いにおいて、giftしか用いられない例をもう少し見ていきましょう。まず、Q3のような神や天から与えられた贈り物、つまり「生まれつきの才能や能力」に関するコロケーションでは、presentでは置き換えはできません。
　1. He has a natural gift for all sports.
　　「彼はすべてのスポーツに対して生まれつきの才能がある」
natural gift「天から与えられた才能という贈り物」は、God-given gift「神に与えられた贈り物」と文学的な表現に書き換えることもできます。

　スポーツの才能だけでなく、抽象的な概念を贈り物と見なす場合はgiftしか使えません。
　2. The gift of love is the greatest gift we can give to ourselves.
　　「愛の贈り物は、私たちが自らに与えることのできる最大の贈り物である」
　3. Donating blood is called "the gift of life."
　　「献血は「命の贈り物」と呼ばれる」

4. Nothing is more precious than the gift of time.
「時間の贈り物ほど有り難いものはない」

次のことわざでもgiftをpresentで置き換えることはできません。

5. Gift is valued by the mind of the giver.
「贈り物は贈った人の心によって評価される」

6. Gifts blind the eyes.
「贈り物は人の目を見えなくさせる」

| 確かめ問題の答え | present または gift, gift

「返事」の英語とコロケーション

....

answer, reply, response

「返事」を表す英語にはanswer、reply、responseなどがありますが、それぞれの使い方に違いはあるのでしょうか。コロケーションの点から考えてみましょう。

問 題

answer、reply、responseを使って、空欄を埋めましょう。
（答えは1つとは限りません）

Q1：（依頼、問い合わせに対し）早速のお返事、誠にありがとうございます。
　　Thank you very much for your prompt (　　　).

Q2：先方からよい返事がもらえました。
　　We received a positive (　　　) from them.

Q3：私はドアをノックしたが、何の返事もなかった。
　　I knocked on the door, but there was no (　　　).

Q4：お返事をお待ちしています。
　　I am looking forward to your (　　　).

正解と解説 **使い方にどんな違いがあるか、見てみましょう。**

　手紙やメール、呼びかけなどに対する返事には、英語ではanswer、reply、responseを使います。一般的にはreplyとresponseは、answerよりも少し硬い、形式張った語で、ほぼ同じように使うことができますが、コロケーションの点から見ていくと微妙な違いがあります。

　Q1 は手紙やメールの返事のことで、正解は **reply** と **response** です。answerは一般的には質問に対する返事で、しばしばyesかnoかを答えるときに使います。例えば、I need your answer about whether you will attend the meeting.「会議に出席していただけるかどうか、返事をお願いします」という質問に対してyesかnoの返事であれば、Thank you very much for your answer.とanswerを使うこともできます。

　Q2 は一般的な「返事」のことで、**answer**、**reply**、**response** のいずれも正解で

す。また、「よい」返事には、positiveの代わりにfavorableを使うこともできます。

Q3 は answer が正解です。ノックや電話に対する「応答」の意味では、基本的にanswerを使います。responseやreplyも可能ですが、answerが一般的です。

Q4 においては一般的に用いられる語は reply です。answerやresponseも可能ですが、文脈に依存します。yesかnoかの返事であればanswerも可能ですし、ある事柄の意見を求めているのであればresponseも可能です。しかし、そのような場合でも最もよく使われるのはreplyですので、このまま覚えておくとよいでしょう。

今回取り上げたanswer、reply、responseは、先述したように文脈に依存する場合が多く見られます。例文をもう1つ挙げておきます：A teacher told a pupil to write a longer answer [reply/response].「先生は生徒に、もっと長い返事を書くように言った」。ここでのreplyは、一般的な手紙の返事のことです。longer answer の場合は、「もっと長い答え（解答）の返事」という意味に、longer responseの場合は「もっと長い回答（意見、感想など）の返事」という意味になります。今回のように極めて意味が近い類義語は、一般的によく使われる表現をまずマスターしましょう。

確かめ問題

空欄を埋めましょう。（必要なら冠詞も加えてください）
「昨日、手紙の返事が来ました」
I received (　　　) to my letter yesterday.

📖 N o t e

「返事」に関してよく使われる日本語表現に対応する英語表現を見てみましょう。
　1.「彼女は私の招待に対して生返事をした」
　　She gave me a vague answer to my invitation.
「生返事」とは「あいまいな返事」のことなので、ここではvagueを使っていますが、ambiguousも使うことができます。

　2.「彼女は私の招待に対して色よい返事をした」
　　She gave me a favorable answer to my invitation.
「色よい」はsatisfactoryを使うこともできます。また、「好ましくない」返事の場合は、unfavorableやnegativeを使います。

3.「その少年は、私たちの申し出に対して二つ返事で答えた」
The boy gave a quick and positive answer to our proposal.
　「二つ返事」とは、「即答で承諾する返事」のことです。a quick answerでは「即答」は表せますが、「承諾」が含意されません。したがって、quick and positiveと、positiveを加えています。用例1 〜 3については、answerの代わりにreplyやresponseで置き換えることができます。

　次の例はことわざの場合です。
　4.　The shortest answer is doing.「最短の返事は実行すること」
　5.　No reply is best.「返事をしないことにこしたことはない」
　この5のことわざは、「弁解しないのがいちばん」とも、「言わぬが花」や「柳に風」とも訳されます。

　　　　　　|確かめ問題の答え| a reply または a response、または an answer

「頭、顔、首」の英語とコロケーション

head, face, neck

英語で「頭」はhead、「顔」はface、そして「首」はneckということは誰もが知っていますね。しかし、その使い方はどうでしょうか。コロケーションの点から考えてみましょう。

問 題

head、face、neckを使って、空欄を埋めましょう。
（答えは1つとは限りません）

Q1： 彼は顔を上げて、私を正視した。
He raised his (　　　) and looked straight at me.

Q2： 彼女が私のほうに顔を向けたときに、私は彼女に手を振った。
When she turned her (　　　) toward me, I waved to her.

Q3： バスの窓から顔を出さないでください。
Please don't stick your (　　　) out of the bus window.

Q4： 彼はその考えに対して首を振って、「だめだ」と言った。
He shook his (　　　) at the idea and said, "No."

正解と解説 使い方にどんな違いがあるか、見てみましょう。

　日本語の「頭」には、一般的に「顔」は含まれませんが、英語のheadはfaceを含みます。また、日本語で「顔」や「首」を使った表現でも、英語ではheadを使うことがあります。したがって、**Q1** の「顔を上げる」では、**face** だけでなく **head** も正解です。使用頻度としては、headのほうがより多く見られます。

　Q2 の「顔を向ける」も、顔を動かすことで同時に頭も動くので、**face** も **head** も使うことができます。faceもheadも使用できる同様の例として、次のものがあります：The baby buried her head[face] in her mother's breast.「赤ちゃんは母親の胸に顔をうずめた」、The student rested his head[face] on his arms on the table.「その学生は机の上で顔を両腕の上に乗せて寝ていた」。

　英語のfaceは「頭部の前面」を指します。 **Q3** では、faceだけを窓の外に出すことはで

きないので、faceを使うことはできません。したがって、正解は **head** です。out of the windowのofを除いたout the windowは、会話においては一般的になりつつあります。特にアメリカ英語では、ofを省略したケースが多く見られます。また、動詞stickの代わりにputを使うこともできます。ちなみに、動詞keepを使ってKeep your head inside the bus.とすることもできます。

英語のneckは「頭と胴をつなぐ部分」を指します。 **Q4** の「首を振る」で実際に振るのは頭ですね。neckを使うとneckがheadから取り外せるかのように受け取られてしまいます。よって、正解は **head** です。また、He nodded his head in approval.「彼は首を縦に振って同意した」、She tilted her head to the right.「彼女は右に首をかしげた」、He cut off his enemy's head.「彼は敵の首を切り落とした」のような場合でも、neckではなくheadを使います。

確かめ問題

空欄を埋めましょう。
「彼女は首を少し回して、彼を見上げた」
She twisted her (　　　) slightly, and looked up at him.

📖 **N o t e**

Q1からQ4の問題の正解には、1つもneckがありませんでした。ここでは注意しておきたいneckの表現を見てみましょう。

1. He rubbed the back of his neck irritably.
   「彼はいらいらしながら首の後ろをさすった」
日本の映画やドラマでは、「首の後ろをさする」あるいは「首筋に手をやる」行為は、弱気な当惑や照れのしぐさとして解釈されますが、英米の文化圏ではいらだちのしぐさとして解釈されます。

2. She craned her neck to see what happened.
   「彼女は何が起こったのか見ようと首を伸ばした」
この例文の動詞craneは「ツルのように首を伸ばす」という意味ですが、その名詞craneは「鶴（ツル）」を意味します。

3. Our horse won by a neck.
   「我々の馬は首1つの差で勝った」

以下の例文のneckは、みな比喩的な意味で使われています。

    4. The two runners are running neck and neck.

      「ふたりのランナーは、横一線で競りあっている」

文法的には、neck and neckは名詞句ですが、ここでは副詞句として機能しています。

    5. One misfortune comes on the neck of another.

      「不幸は別の不幸のすぐ後にやってくる」

このことわざは、日本語では「弱り目に祟(たた)り目」や「泣きっ面に蜂」と同じような意味です。

    6. That which is good for the head is ill for the neck and shoulders.

      「頭に効くものは首と肩には悪い」

このことわざは、日本語では「一利あれば一害あり」と同じような意味です。

|確かめ問題の答え| head

「心」の英語とコロケーション

heart, mind

今回のテーマは「心」。「心」を表す英語には、heartやmindなどがありますね。これらの使い方に違いはあるのでしょうか。

問　題

単複に注意しながら、heart、mindを使って空欄を埋めましょう。
（答えは1つとは限りません）

Q1： 心の底から感謝申し上げます。
I want to thank you from the bottom of my (　　　).

Q2： 私は、いつか留学するんだと心に決めた。
I made up my (　　　) to go abroad to study someday.

Q3： 何ものも彼女の心を落ち着かせることはできなかった。
Nothing could set her (　　　) at rest.

Q4： 彼は国民の心をつかむためにあらゆる努力をした。
He made every effort to win the (　　　) and (　　　) of the people.

正解と解説 使い方にどんな違いがあるか、見てみましょう。

　人間の心の要素として、知情意、つまり知性と感情と意志の3つがあります。その中で、特に喜怒哀楽を示す「情」の心を、英語ではheartで表します。一方、知的な働きをする「知」と「意」の心、つまり「精神」をmindで表します。これが、英語のheartとmindの基本的な違いです。

　Q1 の「心の底」とは、偽りや飾り気のない「本心」のことなので、**heart** が正解です。知性や意志は、しばしば本心とは異なることがあります。

　Q2 の「心」は、意志を表しているので、**mind** が正解。Keep in mind that he is not yet an adult.「彼はまだ大人ではないということを心に留めておいてください」のようなkeep in mindの慣用句や、healthy growth in mind and body「心と体の健康的

48

な成長」のようなbodyとの対比の文では、mindを使います。ちなみに、「心身とも疲れる」などの「心身」の語順は、日本語同様、body and mindよりもmind and bodyのほうが一般的です。

Q3 の「心の落ち着き」は、感情だけでなく精神とも関わっているので、**heart**と**mind**の両方が正解です。記憶もまた、感情と精神の両方と関係があるので、His last message remains in our hearts [minds] even now.「彼の最後のメッセージは、今も私たちの心に残っている」のように、heartとmind両方が使われます。

Q4 の「国民の心」は、単に国民の感情にだけでなく、国民の知性の面にも訴えることなので、heart and mindを使います。したがって、正解はthe peopleに呼応し、複数形にした**hearts**と**minds** です。興味深いのは、minds and heartsよりhearts and mindsの語順が一般的であることです。heart and mindを使う例として、次のようなものが挙げられます：with one heart and mind「心を1つにして」、My heart and mind still remain in Montana.「私の心は、今もモンタナにあります」。この2つの例では、heart and mindと言うことで「心」を強調しています。

確かめ問題
空欄を埋めましょう。
「空にかかる虹を見ると、私の心は躍る」
My (　　　) leaps up when I behold a rainbow in the sky.

Ｎｏｔｅ

　英語の達人である新渡戸稲造の名著*Bushido*のサブタイトル、'The Soul of Japan'は「日本の魂」と訳されますが、また「日本のこころ」とも訳されます。このsoulは、heartやmindの「こころ」とどう違うのでしょうか。

　「正解と解説」では、「心」を意味するheartとmindの違いは、心の要素としての「知情意」のうち「情」の部分がheartで、「知と意」の部分がmindと述べました。それではsoulはどうかというと、人間の2つの部分「肉体と精神（心）」において、「肉体ではない部分」をsoulと呼びます。

　1. He gave body and soul to the work.
　　　「彼はその仕事に心身をゆだねた」
「心身」と日本語で言う場合は、「心」が先で「身」が後です。一方、英語ではbody and

soulの語順が一般的ですが、soul and bodyとも言います。

2. My father loves me with his whole heart and soul.
   「父は本当に心から私を愛してくれている」
ここではheartとsoulは同じ意味で用いられ、語順はheart and soulが一般的で、soul and heartはまれです。

3. He took a few deep breaths, trying to calm his mind and soul.
   「彼は2、3回深呼吸をして自分の心を静めようとした」
このようにmind and soulのコロケーションも見られますが、次の例文のsoulは、一般的にheartで置き換えられてもmindでは置き換えられないので、soulはheartに近い「心」であることが分かります。

4. I bared my soul to her.
   「私は彼女に自分の本心を明かした」
5. They wished for the happiness of their child from the depths of their souls.
   「心の底から彼らは子どもの幸せを願った」

| 確かめ問題の答え | heart
(問題文は英国の詩人William Wordsworthの詩 'The Rainbow' の一節)

「足」の英語とコロケーション

foot, leg

日本語では、一般的に「足」が足全体を表すことが多く、「脚」とあまり区別しません。しかし、英語ではfootとlegは明確に区別します。その使い方の違いを考えてみましょう。

問 題

単複に注意しながら、footとlegを使って空欄を埋めましょう。
（答えは1つとは限りません）

Q1 : どっちの足に痛みがありますか。
Which (　　) do you have a pain in?

Q2 : あなた、私の足を踏んでいますよ。
You're stepping on my (　　).

Q3 : 彼女は背が高くすらっとしていて、足がとても長かった。
She was tall and slim with very long (　　).

Q4 : 長い距離を歩いたので、足が少し重たく感じます。
My (　　) feel somewhat heavy because I walked a long way.

正解と解説　使い方にどんな違いがあるか、見てみましょう。

　英語でfootは足首から下、つまり、つま先までを指し、legは足首から上、太ももの付け根までを言います。この違いを念頭に置いて、例文を考えてみましょう。

　Q1 の文では、「痛み」はfootとlegの両方の場合が考えられるので、**foot**と**leg**の両方が正解です。足首から下なのか上なのかによってfootとlegを使い分ける例として、I have sore feet［legs］.「足が痛みます」、My feet［legs］have fallen asleep.「足がしびれました」などがあります。また、bare feetは、履き物や靴下を履いていない足ですが、bare legsは、半ズボンやスカートの場合に、長靴下やストッキングを履いていない、むき出しの足を意味します。

　Q2 の「足」は、足首から下の部分なので、**foot** が正解です。ちなみに、この文におい

て、動詞stepは「足を上げて降ろす」行為を意味するので、with your foot「あなたの足で」を加える必要はありません。同様に、He kicked me in the stomach.「彼は私の腹を蹴った」のkickも「足で蹴る」という意味なので、with his footを加える必要はありません。Q2のように、footしか使えない例として、The chair is too high for my feet to reach the floor.「椅子が高すぎて床に足が届きません」があります。

Q3 の長い「足」は、太ももの付け根から下の部分なので、正解はlegの複数形 **legs** です。footの場合は、He has big [large] feet.「彼は足が大きい」のように、形容詞bigやlargeを使います。また、We sit with our legs crossed when we practice Zen meditation.「座禅をするときは足を組んで座ります」では、足を交差させて組むのはlegsですが、正座のようにfootを交差させて座る場合はwith one's feet crossedとなります。

Q4 の重たくなっている「足」は、footもlegもあり得るので、正解はfootとlegの複数形 **feet** と **legs** です。同様の例として、My feet [legs] are tired, so I can't walk any farther.「足が疲れてもう歩けない」などがあります。

確かめ問題
空欄を埋めましょう。
「片足で立ってください」
Stand on the (　　　　), please.

📖 N o t e

footしか使えない他の例を見てみましょう。

・All of the foot passengers left the ferry.
「乗客（徒歩客）は全員フェリーから下船した（降りた）」
foot passengerとは、「車を使用しないで、徒歩でフェリーに乗り込む乗船客」のことを言います。他にfoot soldier「歩兵、足軽」やfoot patrol「徒歩で巡回・警備する人」などがあります。foot soldierは、本来の意味は「徒歩で戦う兵」のことですが、比喩的に「組織を支えるために重要な仕事は行うが、権限を持たない人」のことを言います。

次の例でもfootをlegに置き換えることはできません。
・They were covered from head to foot in mud.
「彼らは頭のてっぺんから足の先まで泥まみれだった」
ここでのfrom head to footは、固定した表現ですので、from a head to a footや

from his head to his footのように、不定冠詞や代名詞の所有格と一緒に使うことはできません。

　一方、legしか使えない表現もあります。次の例です。
・There isn't enough leg room in this car.
「この車には十分なレッグルーム（足を伸ばすゆとり）がない」
　レッグルーム (leg room)とは、「車や飛行機などの座席前の、足を伸ばせる空間」のことです。

　次の例もlegsをfeetで置き換えることはできません。
・You can stretch and bend your legs in this room.
「この部屋では足を伸ばしたり曲げたりできます」

|確かめ問題の答え| foot または leg

「腹」の英語とコロケーション

....

belly, stomach

「腹」と言うと、英語では一般的にbelly、そして「胃」はstomachが思い浮かびます。しかし、本当にそうでしょうか。コロケーションの点から考えてみましょう。

問題

bellyまたはstomachを使って、空欄を埋めましょう。
（答えは1つとは限りません）

Q1： 私は、冷たい水を飲みすぎて腹を壊(こわ)した。
I've upset my (　　　) by drinking too much cold water.

Q2： 私は、おなかが痛い。
I have a pain in my (　　　).

Q3： 彼は、背の高い太鼓腹の男だった。
He was tall and had a pot (　　　).

Q4： 空腹では、仕事はできません。
You cannot work on an empty (　　　).

正解と解説 **使い方にどんな違いがあるか、見てみましょう。**

stomachはbellyよりも使用範囲が広く、「胃」だけでなく「腹」を意味する一般的な語です。幼児語にtummy「おなか、ぽんぽん」という語もありますが、stomachが一般的な語とすれば、bellyはstomachとtummyの中間に位置していると言えます。

Q1 の「腹を壊す」は、upsetとのコロケーションの問題です。正解は **stomach** です。日本語では「腹を壊す」と「胃の調子が悪い」とは区別して、一般的に「腹を壊す」は下痢を連想し、「胃の調子が悪い」は吐き気やむかつきなどを連想します。しかし、英語ではどちらもstomachの不調と見なします。したがって、食べ過ぎにおける胃の不調も、I've upset my stomach by eating too much.と表すことができます。

Q2 の「腹の痛み」は、**stomach** と **belly** の両方が正解です。My stomach [belly] aches. や、I have a stomachache [bellyache].とも言うことができますが、bellyは

口語的でインフォーマルな印象になります。

　　Q3 の「太鼓腹」は、pot belly、あるいは1語でpotbellyと表すので **belly** が正解です。ある英英辞典では、potbellyの説明として、a large round unattractive stomach that sticks out「突き出ている、見た目のよくない大きくて丸い腹」とあり、外見のお腹の部分にもstomachを使うことができると分かりますが、Q3で問題なのはpotとのコロケーションです。また、beer belly「ビール腹」やbelly dance「ベリーダンス」でも、bellyをstomachで置き換えることはできません。

　　Q4 の「空腹」では、**stomach** が一般的ですが、**belly** も正解です。また、「満腹」も、full stomach［belly］と両方使えます。「冷えたおなか」も、cold stomach［belly］と両方使えますが、bellyはあまり一般的ではありません。ちなみに、日本でよく言われるように、A cold stomach［belly］causes diarrhea.「おなかを冷やすと下痢をします」のような「おなかが冷える＝下痢をする」という関連性は、英語圏では日本ほど高くないようです。

確かめ
問題
空欄を埋めましょう。
「彼女のおなかが、空腹でグーグーと鳴っている」
Her (　　　) is growling with hunger.

 Ｎｏｔｅ

　日本語には「腹」を使った表現が多く見られ、その中には、英語にする場合bellyやstomachでは表せないものがあります。というのは、英語とは違って、日本語の「腹」には「心、考え、感情、気持ち、本心」の意味もあります。例えば、「腹が立つ」の「腹」は、体の一部である「腹」ではなく「感情」を意味します。したがって、「腹が立つ」はget angryで、bellyやstomachを使いません。他にどのような例があるか見てみましょう。

　　1.「彼は腹の中で何を考えているのか分からない」
　　　I can't tell what he's really thinking inside.
　この例文の「腹」は「考え」の意味ですので、mindを使ってI cannot read his mind.とすることもできます。
　　2.「このままでは腹がおさまらない」
　　　I'm not satisfied with this situation.

　同様の表現に「腹にすえかねる」cannot control［suppress］one's angerがあります。

この場合の「腹」は、「怒りの感情」を意味します。以下の例文の「腹」は、「心、本心」を意味します。

    3.「彼の秘密は私の腹におさめておく」

      I will keep his secret to myself.

    4.「彼の腹はもう決まっている」

      He has made up his mind already.

    5.「彼は腹が据わっている」

      He is a courageous man.

例文5に関しては、他にもいろいろな英語表現がありますが、日本語にもなっている「ガッツ（根性、気力）」gutsを使って、He is a man with plenty of guts.とも言えます。

このように、日本語では「心、考え、感情、気持ち、本心」を意味する「腹」の慣用句が多いので、英語にするときは注意しましょう。

｜確かめ問題の答え｜ stomach または belly

「自由」の英語とコロケーション

....

freedom, liberty

今回は「自由」のコロケーションについて考えてみましょう。「自由」を表す英語にはfreedom やlibertyなどがありますが、それぞれ使い方に違いはあるでしょうか。

問　題

freedom または liberty を使って、空欄を埋めましょう。
（答えは1つとは限りません）

Q1： 彼らは、自由を求めて戦っている。
　　　They are fighting for (　　　).

Q2： 私たちは、自由の女神像の素晴らしい眺めを楽しんだ。
　　　We enjoyed a good view of the Statue of (　　　).

Q3： 集会、結社及び言論、出版その他一切の表現の自由は、これを保障する。
　　　(　　　) of assembly and association as well as speech, press and all other forms of expression are guaranteed.

Q4： 私たちには、その情報源を公表する自由はありません。
　　　We are not at (　　　) to reveal the source of the information.

正解と解説　**使い方にどんな違いがあるか、見てみましょう。**

　「自由」を表す英語は、freedomがより一般的な語で、libertyがよりフォーマルな語です。多くの場合で交換可能ですが、慣用的な表現や他の語とのつながりにおいては交換できない場合があります。

　Q1 は、どのような束縛からの自由なのかは説明されていないので、**freedom** も **liberty** も正解です。形容詞とのコロケーションにおいては、individual freedom [liberty]「個人の自由」、human freedom [liberty]「人間の自由」、basic freedom [liberty]「基本的自由」などのように、多くの場合で交換可能です。

　Q2 は、ニューヨーク湾内の小島Liberty Island「リバティー島」にある、「自由の女神」のことです。固有名詞なので頭文字を大文字にした **Liberty** が正解です。同様に、米国

の自由と独立の象徴the Liberty Bell「自由の鐘」もFreedomでは置き換えられません。

Q3 は、日本国憲法第21条の英訳です。正解は、頭文字を大文字にした **Freedom** です。文法的には、as well asを境にassembly and associationとspeech, press and all other forms of expressionの2つを結びつけているので、Freedom ofの目的語は、assembly、association、speech、press、all other forms of expressionの5つとなります。この英文は公的なものなので、freedomをlibertyで置き換えられませんが、コロケーションの問題として考えると、liberty of speech「言論の自由」、liberty of the press「報道の自由」のような使用例がわずかに見られます。しかし、一般的にはいずれの場合もfreedomを使います。ちなみに、「学問の自由」もacademic freedomと言い、academic libertyとはあまり言いません。

Q4 は、(be) at liberty to doの慣用表現の例ですので、**liberty** が正解です。ここではlibertyの代わりにfreedomは使えませんが、We don't have the freedom to reveal the information.のように書き換えることはできます。

空欄を埋めましょう。
「我々は基本的な人間の自由を守っていく」
We shall defend basic human (　　　).

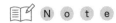

　freedomとlibertyは多くの場合交換可能ですが、交換できない場合、あるいは、より一般的なコロケーションの例があります。まず、liberty について見てみましょう。

　libertyと一緒に使われる形容詞で最も多いのはcivilで、civil liberty「市民としての自由」です。civil freedomとは一般的には言いません。このコロケーションではlibertyは単数形よりも複数形で使われることが多く、the Civil Liberties Commission「人権擁護委員会」、the American Civil Liberties Union「全米自由人権協会」などの固定した表現があります。

　libertyと一緒に用いられる動詞で最も多いのはtakeです。
1. I have taken the liberty of enclosing a check in the letter.
   「勝手ながら、手紙に小切手を同封させていただきました」
2. Don't take liberties with your health.

「健康を顧みずにむちゃなことをしないでください」
これらの例文のlibertyは、「自由」から「勝手気まま」に意味が拡張しています。

freedomに関しては、一緒に使われる形容詞で最も多いのはgreatです。
　3.　Loose clothing gives me greater freedom of movement.
　　　「ゆったりとした服は、これまで以上に自由に動ける（行動の自由を与えてくれる）」
　4.　He can paint with greater freedom now.
　　　「彼は今では、以前よりももっと自由に絵を描くことができる」
　5.　They are demanding greater freedom of expression.
　　　「彼らはこれまで以上の表現の自由を求め続けている」

｜確かめ問題の答え｜ freedom または liberty

「客」の英語とコロケーション

....

customer, guest, visitor

今回は「客」のコロケーションです。「客」を表す英語には、customer、guest、visitorなどがありますが、それぞれ使い方に違いはあるでしょうか。

問 題

単複に注意しながら、customer、guest、visitorを使って空欄を埋めましょう。（答えは1つとは限りません）

Q1： 昨日、思いがけない来客がありました。

I had an unexpected (　　　) yesterday.

Q2： 外国からの観光客は、今年は劇的に減少した。

(　　　) from abroad have decreased dramatically this year.

Q3： そのスーパーはいつもお客さんでいっぱいだ。

The supermarket is always crowded with (　　　).

Q4： 彼は、難しい客を扱うのがとてもうまい。

He is very good at handling difficult (　　　).

正解と解説 **使い方にどんな違いがあるか、見てみましょう。**

　「客」を表す3つの英単語は、次のような基本的な違いがあります。customerは「商店で物を買う客やレストランで食事をする客」を言い、guestは「家や催しに招待される客やホテルの客」を表し、visitorは「社交や仕事、観光などを目的に訪問する客」のことです。これらのことを念頭に置いて、問題文を考えてみましょう。

　Q1 の「思いがけない来客」は、「私」個人への来客で、買い物客やレストランの客ではないので、**guest** と **visitor** の両方が正解です。　**Q2** は、外国からの不特定多数の「観光客」です。よって、visitorの複数形 **Visitors** が正解です。文頭なので、頭文字を大文字にすることを忘れないようにしてください。

　Q3 は、スーパーでの「買い物客」なので、正解はcustomerの複数形 **customers** です。　**Q4** は、どのような「客」であるかによって異なります。商店やレストランの「買い物客」

であればcustomerとなりますが、ホテルの「宿泊客」であればguestとなります。また、文脈にもよりますが、厄介なことや仕事上の「訪問者」であればvisitorも可能です。したがって、正解はそれぞれの複数形である **customers**、**guests**、**visitors** となります。ちなみに、弁護士事務所や建築会社での「顧客、依頼人」であれば、clientが一般的です。

　ここで扱った3つの単語以外にも、英語には「客」に関連した単語があります。例えば、Passengers for Seoul, please go to Gate 3.「ソウル行きのお客様は、3番ゲートへお進みください」のように、飛行機や列車、バスなどの「乗客」にはpassengerを使います。また、There were 4,500 spectators at the baseball game.「その野球の試合には、4,500人の観客がいた」のように、スポーツやショーなどの「観客」にはspectatorを、さらに、His lecture drew a large audience.「彼の講演は多くの聴衆を引きつけた」のように、講演会やコンサートの「観客、観衆」にはaudienceを使います。

確かめ問題

空欄を埋めましょう。
「お客様は常に正しい（お客様は神様です）」
The (　　　) is always right.

📖 **N o t e**

　customer、guest、visitorに共通のコロケーションと、それぞれの語に特有のコロケーションを見ていきます。最初に共通のコロケーションを見ていきましょう。

1. There is a special discount for regular customers.
   「常連客には特別割引があります」
2. You are a welcome guest in our home.
   「あなたは我が家で歓迎される客ですよ」
welcomeの代わりにspecialを使って、You are a special guest.「あなたは特別なお客さんです」と言うこともできます。
3. She was a frequent visitor to our house.
   「彼女はよく家へ遊びに来ていた」

　これらの例文でのregular、welcome、special、frequentは、customer、guest、visitorのいずれとも一緒に用いることができます。

　次は、それぞれの語に特有のコロケーションです。

4. They were trained to deal with customer complaints in a friendly manner.

「彼らはお客からの苦情（クレーム）には親切に対応するように教育されていた」

日本語の「クレーム」は、英語ではclaimではなくcomplaintです。

5. He was treated as a state guest.

「彼は国賓扱いだった」

他にa distinguished [honored] guest「貴賓、著名な客」があります。ここではguestの代わりにvisitorも使うことができます。

6. The exhibition was very popular with museum visitors.

「その展覧会は、美術館の来場者には大変人気だった」

他にa park visitor「入園者」や、病院で見舞客を断る張り紙'No Visitors'「面会謝絶」などがあります。

| 確かめ問題の答え | customer

第 2 章

動詞の類義語と
コロケーション

「する」の英語とコロケーション

do, make

日本語の「〜する」はなんらかの動きが現れるときに使いますが、さまざまな「する」があります。その「する」を表す英語表現を考えてみましょう。では、次の問題を解いてみましょう。

問題

doまたはmakeを適切な形にして、空欄を埋めましょう。

Q1： 私は宿題をしないで買い物に出かけました。
I went shopping without (　　) my homework.

Q2： 彼らは戦争をやめるために、あらゆる努力をした。
They (　　) every effort to stop war.

Q3： 自分の時間を有効に活用しなさい。
Try to (　　) good use of your time.

Q4： 私たちは毎週土曜日に買い物をします。
We (　　) our shopping on Saturdays.

正解と解説　使い方にどんな違いがあるか、見てみましょう。

Q1 の「宿題」homeworkと仲良しの動詞はdoなので、前置詞withoutに続く動名詞 **doing** が正解。そして、**Q2** の「努力」effortと仲良しの動詞はmakeなので、過去形 **made** が入ります。 **Q3** の「活用、利用」を意味する名詞useと仲良しの動詞は **make** で、**Q4** の「買い物」shoppingは、**do** が仲良しです。ちなみに、shoppingと一緒に用いられる限定詞(the、one's、some、a lot ofなど)は、取り換え可能です。

ここでdoとmakeの違いを考えましょう。doの基本的な意味は「具体的に行動する、活動する」こと。「宿題」や「買い物」は、「努力」や「活用、利用」よりも具体的な行動がイメージできますね。makeの基本的な意味は「何かを作る、ある状態を作り出す」ことです。

他の例も見てみましょう。新幹線に乗ると、「まもなく〜に到着します」という車内アナウンスを耳にします。英語では、Ladies and gentlemen, we will soon make a brief stop at 〜 .ですね。make a stopとは言えても、×do a stopとは言えません。英語では「stopの状態を作り出す」と考えます。

ある名詞がdoとmakeのどちらの動詞と仲良しなのかは、基本的な意味を押さえておくことも大切ですが、まとめて整理して覚えておくと、その違いがはっきり分かります。

■「do＋名詞」のコロケーション

I *do* the cooking, the washing, and the cleaning. I mean, I do everything.
「私は、料理も洗濯も掃除もします。つまり、なんでもします」
You can *do* the work.「その仕事、君ならできるよ」
I *do* a part-time job two days a week.「私は週に2日間アルバイトをしています」
We *did* the first interview with Professor Joseph.
「私たちはジョセフ教授と初めて面接しました」など。

■「make＋名詞」のコロケーション

Be careful not to *make* the same mistake.「同じ間違いをしないよう気をつけて」
Make a change in the plans.「計画を変更しなさい」
It's time to *make* a decision.「決断するときが来ました」など。

　単語はできるだけ文の形にして、例文として覚えるようにしましょう。

確かめ
問題

空欄を埋めましょう。
「私は、もっとよい仕事をしようと決心しました」
I (　　　) the decision to (　　　) better work.

 Ｎ ｏ ｔ ｅ

「do＋名詞」のコロケーションで最も頻度の高いのは、次のような「do＋things」です。
・He wouldn't do such things.「彼はそんなことはしないだろう」
・We believed that she would do great things.
「彼女は偉大なことをするだろうと私たちは信じていた」
・Never do things by halves.「（ことわざ）物事を中途半端にしておくな」

次に多いのは、jobとのコロケーションです。
・You did a good job.「よくやりましたね」
・He could not do the job well.「彼はその仕事をうまくすることができなかった」

　一方、「make＋名詞」のコロケーションで最も頻度の高いのは、useとのコロケーショ

ンです。この場合、Q3の例のようにuseを修飾する形容詞はgoodが最も多く、その比較級better、最上級bestも多く見られます。他の形容詞としては、full (make full use of ～「～を十分に利用する」)、great (make great use of ～「～を大いに利用する」)、effective (make effective use of ～「～を効果的に利用する」)の順で多く見られます。

「make＋名詞」では、他にもstatementとcontributionとのコロケーションが多く見られます。
・He made a statement in open court.「彼は公開法廷で陳述した」
・I made a small contribution to a fund.「私はある基金に少し寄付をした」

| 確かめ問題の答え |　made, do

「聞く」の英語とコロケーション

hear, listen

今回は、動詞hearとlistenの違いを学んでいきましょう。どちらも「聞く」とだけ覚えている方もいると思いますが、意味だけでなく、一緒に使われる品詞にも違いがあります。

問 題

hearまたはlistenを適切な形にして、空欄を埋めましょう。

Q1： 皆さん、おはようございます。私の声が聞こえますか?
　　　Good morning, everybody. Can you (　　　) me?

Q2： 私は注意して耳を傾けたが、何も聞こえなかった。
　　　I (　　　) carefully, but (　　　) nothing.

Q3： 彼は、音楽を聴いてその夜を過ごした。
　　　He spent the evening (　　　) to music.

Q4： これまでチャールズ・ディケンズのことを聞いたことがありますか。
　　　Have you ever (　　　) of Charles Dickens?

正解と解説 **使い方にどんな違いがあるか、見てみましょう。**

　動詞hearとlistenの違いは、一般的な学習辞典によると、hearは「(〜が)聞こえる」の意味で、自分の意志にかかわらず聞こえてくる場合に使われ、一方、listenは「(〜に)耳を傾けて聞く」の意味で、意識的・積極的に聞く場合に用いられます。これにしたがって、空欄に入る適切な語を考えてみましょう。

　Q1 は、聞き手の意志にかかわらず、話し手の声が聞こえるかどうかを尋ねているので、**hear** が入ります。

　Q2 の「注意して耳を傾ける」は、意識して行うことなのでlistenとなります。後半の「何も聞こえない」は、自分の意志と関係ないのでhearが入ります。この文は過去形なので、それぞれ **listened** と **heard** が正解です。

　Q3 の「音楽を聴く」は、音楽に耳を傾けているのでlistenとなり、「spend＋目的語」の

後には動名詞が続くので **listening** が正解。

Q4 の「聞いたことがあるかどうか」は意志とは関係ないのでhearで、この文は現在完了形なので過去分詞 **heard** が正解です。

では、このhearとlistenを、コロケーションの視点からもう少し詳しく見ていきましょう。それぞれの動詞と仲良しの副詞を調べてみると、次のようになります。

■「**hear＋副詞**」：well「よく」、clearly[distinctly]「はっきりと」
■「**listen＋副詞**」：carefully「注意して」、intently「熱心に」、attentively「注意深く」

また、hearの直後には名詞を置けますが、listenの直後に名詞が来ることはなく、listen toのように前置詞toを伴います。さらに、hearとlisten toの目的語としてよく見られるのは次のような名詞です。

■「**hear＋目的語**」：voice「声」、sound「物音」、noise「騒音」、footstep「足音」
■「**listen to＋目的語**」：music「音楽」、radio「ラジオ」、tape「（録音）テープ」、story「話」

hearは直後に前置詞も置け、hear of ～「～のことを聞いて知る」、hear from ～「～から便りがある」、hear about ～「～のことを耳にする」のような句動詞を作ることができます。動詞hearとlistenは、意味の違いだけでなく、仲良しの副詞や名詞、そして、それぞれの語の直後に来る品詞にも違いがあることが分かりますね。

> 確かめ
> 問題
>
> **hearかlisten toを使って、空欄を埋めましょう。**
> 「彼の話を聞いているときに、大きな物音がした」
> I (　　　) a big sound while I was (　　　) his story.

📖 Ｎｏｔｅ

日本語の「聞く」には、「聞こえる」や「耳を傾けて聞く」以外に、「道を聞く」場合のように、「人に尋ねる」意味もあります。このような場合、hearやlistenは使わず、askを使います。
1. 「私は駅への道を聞いた」 I asked the way to the station.
2. 「お聞きしたいことがあるのですが」 I would like to ask you something.

3. 「1つ聞いていいですか?」　Can I ask a question?

次の例文のように、「聞く」には、他にも「聞き入れる、従う」の意味もあります。
4. 「1つ頼みを聞いてもらえませんか」　Could you do me a favor?
5. 「父は医者の忠告をちっとも聞こうとしない」
   My father never follows his doctor's advice.
6. 「その生徒は先生の言うことを聞かなかった」
   The pupil didn't obey his teacher.

また、「私はその理由が聞きたい」は、「私はその理由が知りたい」の意味なので、英語では I want to know the reason. と言います。ここで扱った例文においては、hear や listen で置き換えることはできません。「聞く」ということは具体的にどういうことなのかを考えて、ふさわしい英語表現を選択しましょう。

| 確かめ問題の答え | heard, listening to

「起こる、生じる」の英語とコロケーション

....

happen, take place

今回は、「起こる、生じる」を意味する動詞happenと句動詞take placeの違いを学んでいきましょう。これらはいつでも同じように使うことができるのでしょうか。

問 題

happenとtake placeを適切な形にして、空欄を埋めましょう。
（答えは1つとは限りません）

Q1：彼に何が起こったか、彼女は知らなかった。
She didn't know what (　　　) to him.

Q2：第32回オリンピックは、2021年に東京で開催された。
The 32nd Olympic Games (　　　) in Tokyo in 2021.

Q3：その事故は月曜日の夜に起きた。
The accident (　　　) on Monday night.

Q4：何か悪いことが起こりそうだ。
Something bad is going to (　　　).

正解と解説 **使い方にどんな違いがあるか、見てみましょう。**

　単語を覚える際に、「take place = happen、起こる」のように類義語と一緒に学習することがありますが、このような覚え方はしばしば危険です。一般的にhappenは「偶然の出来事」が主語のとき、take placeは「予定された出来事」や「事故・事件など」が主語のときに使われます。では、コロケーションの点から考えてみましょう。

　Q1 のto himのように、人に起こる好ましくない事柄に対して使うときはhappenを使います。過去の文なので、正解は **happened**。

　Q2 のように、主語が具体的な事柄のときはtake placeを使いますが、過去形ですので **took place** が正解です。

　Q3 の人為的な事故・事件が「起こる」場合は、happenもtake placeも使うことができ

るので、過去形 **happened** と **took place** が正解。他に主語がattack「攻撃」、crash「墜落」、murder「殺人事件」などの場合にも両方使えます。

　Q4 のsomething badのように、不確定な好ましくない事柄が主語のときは**happen**です。

　動詞happenの主語にはwhatがいちばん多く、次にit、that、thisなどの代名詞、そしてnothing、something、anythingのような不定代名詞が来ます。一方、take placeは、Drastic changes are taking place in Asia.「劇的変化がアジアで起こりつつある」や、The talks took place in an academic atmosphere.「その話し合いは学術的な雰囲気の中で行われた」のように、change「変化」、talk「話し合い」、event「事件、出来事」、election「選挙」などの、あらかじめ決まっている具体的な出来事を表す名詞を主語に取ります。

　動詞happenと句動詞take placeの違いをまとめると、次のようになります。
（1）直後に「前置詞to＋固有名詞や人称代名詞」が来る場合はhappenを使います。
（2）特定の出来事を表す名詞が主語の場合はtake placeを使います。
（3）主語が人為的な事故・事件の場合は両方とも可能ですが、自然災害の場合はhappenを使います。
（4）それ以外の場合は両方可能ですが、主語にwhat、nothing、somethingなどの漠然とした事柄が来るときはhappenを使います。

空欄を埋めましょう。
「昨夜、地震が起きました。今夜コンサートは行われるでしょうか」
An earthquake (　　　) in this city last night. I don't know whether the concert will (　　　) tonight.

　1億語のイギリス英語コーパスBritish National Corpus (BNC)で、書き言葉と話し言葉におけるhappenとtake placeの使用頻度を調べてみました。

　happenは書き言葉より話し言葉で使われる頻度が高く、書き言葉の約2倍の使用頻度でした。反対に、take placeは書き言葉で使われる頻度が高く、話し言葉の約2倍でした。さらに、書き言葉の領域で調べて見ると、社会科学、自然科学・純粋科学、応用化学、世界

情勢においてhappenは使用頻度が減少しています。一方、take placeでは、特に自然科学・純粋科学、世界情勢において使用頻度が増加していますが、フィクションにおいては極端に低くなっています。話し言葉の内容で調べると、happenは講義や講演、授業での教師と生徒とのやり取りにおいて最も使用頻度が高く、take placeは対話での使用頻度が極端に低くなっています。

　「(出来事が)起こる」という意味のもう1つの動詞occurに関しても、同様にBNCで調査すると、occurは書き言葉での使用頻度が高く、話し言葉の約3倍の使用頻度です。また書き言葉の領域で調べると、社会科学、自然科学・純粋科学での使用頻度が高く、特に自然科学・純粋科学での使用頻度の高さが顕著です。したがって、occurは、学術文書などのより形式張った文書において好まれる動詞であることが分かります。

　このように、同じ意味を表す動詞でも、使われる領域や分野や内容において、より好まれるものとそうでないものとがあります。

| 確かめ問題の答え | happened, take place

「言う、話す」の英語とコロケーション

say, speak, tell

言葉や音声を発する場合の動詞、say、speak、tell について、コロケーションの視点から違いを考えてみましょう。

問 題

say、speak、tell を適切な形にして、空欄を埋めましょう。

Q1： お願いだから、食事中にはその冗談は言わないでください。
Please don't (　　　) that joke at dinner.

Q2： (電話で)「もしもし、堀さんをお願いします」「堀ですが」
"Hello, may I (　　　) to Mr. Hori?" "(　　　)."

Q3： 彼女は私に、私の母に会いたいと言った。
She (　　　) me that she wanted to see my mother.

Q4： 豚は何と鳴きますか。
What do pigs (　　　) ?

正解と解説 **使い方にどんな違いがあるか、見てみましょう。**

　動詞 say、speak、tell の基本的な意味の違いとして、say は「口に出す」、speak は「言葉を話す」、tell は「内容のあることを伝える」と説明できます。

　Q1 の「冗談を言う」という場合の名詞 joke は、「内容のあること」ですので、**tell** が正解です。joke は tell とは仲良しですが、say や speak とは仲良しではありません。特に say を日本語で「言う」とだけ覚えていると、思わぬ間違いをしてしまいます。

　Q2 の英語が意味しているのは、「堀さんとお話ししてもよろしいですか」で、前置詞 to を伴っていますので、**speak** が正解。その後の「堀ですが」は、文法的には This is he. や This is he speaking. が正しいのですが、非常にかしこまった言い方になります。一般的には **Speaking.** と返事をします。別の言い方として、This is Hori. と名前を言うこともできます。くだけた言い方として、That's me. や It's me. も使われます。

Q3 は直後に人称代名詞が来ているので、tellの過去形 **told** が正解です。sayや speakは直接目的語として人称代名詞をとらないことを覚えておきましょう。

Q4 は「音を発する」なので、「言葉を話す」speakでも「内容のあることを伝える」tell でもなく、「口に出す」**say** が正解。したがって、豚は英語ではOink, oink.と鳴くので、Pigs say, "Oink, oink," but they cannot speak in our language.「豚はオインク、オインクと鳴きますが、私たちの言語は話すことはできません」のように、豚はsayすることはできても、speakすることはできません。ちなみに、豚の鳴き声は韓国語では「クルッ、クルッ」だそうです。

相性のよい名詞に関しては、sayはwordやthings、speakはEnglish、Spanish、Chineseなど言語に関する語、そしてtellはstoryやtruthとよく一緒に使われます。興味深いのは、speak the truth「真実を話す」のように、speakもtruthと相性がいいのですが、storyとは相性がよくありません。人称代名詞との相性はtellが圧倒的によく、用例の半分以上はtell me やtold youのように人称代名詞を伴います。また、「tell＋人称代名詞＋that...」と「say to＋人称代名詞＋that...」では、前者が好まれます。

空欄を埋めましょう。
「あなたが彼女に話したとき、彼女は何と言ったのですか」
What did she (　　　) when you (　　　) her?

📖 N o t e

　say、speak、tellの中でsayしか使うことができない例文として、次のようなものがあります。(1-4はすべて「トーマスさんは町いちばんの金持ちだそうです」の意味)
1. People say that Mr. Thomas is the richest man in the town.
2. They say that Mr. Thomas is the richest man in the town.
3. It is said that Mr. Thomas is the richest man in the town.
4. Mr. Thomas is said to be the richest man in the town.

いずれの原義も「〜と多くの人に言われている」、あるいは「〜といううわさだ」という意味です。

　また、新聞や本や広告などで「〜と書いてある」という意味でもsayを使います。
5. The newspaper says that it happened on Saturday evening.
「新聞によれば、それは土曜の夜の出来事だった」

6. The Bible says, "Let there be light: and there was light."
   「「『光りあれ』こうして、光りがあった」と聖書には書いてある」
7. The clock said 9 o'clock.
   「時計は9時を指していた」

これらの例ではspeakやtellを使うことはできません。また、5-7の例では受動態を使うことはできません。

また、sayは、次のように相手の注意を引きつけるために、「あの、ちょっと」の意味で使われます。

8. I say, can you lend me five pounds?
   「あの、5ポンド貸してくれないかな？」

このI sayの使い方はイギリス英語において年配の方に見られます。この場合もspeakやtellを使うことはできません。

| 確かめ問題の答え | say, told

「書く、描く」の英語とコロケーション

write, draw, paint

文字や図や絵画を「書く、描く」場合の動詞、write、draw、paintについて考えてみましょう。

問題

write、draw、paintを適切な形にして、空欄を埋めましょう。

Q1 : 彼女は、私が詩を書くように励ましてくれた。
She encourage me to (　　　) poems.

Q2 : 駅へ行く道の地図を描いていただけませんか。
Would you (　　　) me a map showing the way to the station?

Q3 : 彼はその肖像画を水彩絵の具で描いた。
He (　　　) the portrait in watercolors.

Q4 : 彼女は、お父さんそっくりの似顔絵をクレヨンで描いた。
She (　　　) the likeness of her father with crayons.

正解と解説 **使い方にどんな違いがあるか、見てみましょう。**

動詞write、draw、paintの基本的な意味の違いを説明すると、

write ➡「ペンや鉛筆などを使って文字、語、文章、物語などを書く」
draw ➡「ペンや鉛筆などを使って物の表面に線を引く、絵や地図などを描く」
paint ➡「筆などを使って絵の具やペンキなどを塗って描く」

となります。これらに注意して、問題を解いていきましょう。

Q1 は詩という文章を書くので、**write** が正解です。**Q2** は平面の地図をペンか鉛筆で描くので**draw**が正解です。**Q3** は、水彩絵の具を塗って描くのでpaintですが、ここでは過去時制なので **painted** が正解です。**Q4** はQ3と同じように絵を描くのですが、クレヨンは絵の具のように塗るのではなく、ペンや鉛筆と同じように線を引いて描くのでdrawとなり、過去形 **drew** が正解です。

相性のよい名詞に関しては、明確な違いがあります。

■**write** ➡ letter、book、name、word、storyなどと一緒に使います。
■**draw** ➡ line、graph、circle、map、picture（この場合はデッサンや線画）など、描く内容と一緒に使います。
■**paint** ➡ portrait（肖像画）、picture（絵の具などで描いた絵画や油絵）、house、faceなど、描くまたは色を塗る対象物と一緒に使われます。

それぞれの特徴としては、writeの場合はHe wrote a report about Dickens.「彼はディケンズについてレポートを書いた」のように、前置詞aboutと一緒によく用いられます。drawは、draw a line between A and B「AとBの間に1本の線を引く」の文字どおりの意味から「AとBとは一線を画す」というイディオムや、We should draw a line between right and wrong.「我々は善悪をはっきりと区別すべきだ」のように使われます。また、paintはThis picture is painted with vigorous strokes.「この絵は生き生きとした筆遣いで描かれている」や、He painted the picture in red and black.「彼はその絵を赤と黒で描いた」のように、前置詞withやinを伴う場合が多く見られます。

空欄を埋めましょう。
「彼女は家の輪郭を鉛筆で描き、それを油絵の具で描いた」
She (　　　　) an outline of the house with a pencil and
(　　　　) it in oils.

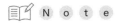

write、draw、paint のうち、writeしか使わない例を考えてみましょう。

1. 「詩を書く」は、write a poemと言いますが、歌の歌詞や曲を作る場合にも、次のようにwriteを使います。
   ・I wrote the words and music for this song.
   「私はこの歌の作詞、作曲をした」
2. タイプライターやパソコンで書く場合もwriteを使います。
   ・He writes a letter on a personal computer.
   「彼はパソコンで手紙を書きます」
3. コンピュータのプログラムを書く場合もwriteを使います。
   ・I wrote a program for a computer last night.

「昨夜コンピュータのプログラムを書きました」

4. コンピュータがデータなどを記憶媒体に書き込むときもwriteを使います。

・This system writes all memory data to the disk.

「このシステムは全てのメモリーデータをディスクに書き込みます」

5. 悲しみや驚きのような感情や、誠実さやずるがしこさなどの性格が顔などに窺える
ときも、次のようにwriteを使います。

・I saw disappointment written on his face.

「彼の顔には落胆の色が見えた」

・Honesty is written on his face.

「誠実さが彼の顔に表れている」

・His age was written on his face.

「彼の顔には年輪が刻まれていた」

・It's written on your face.

「ちゃんと顔に書いてあるよ」

| 確かめ問題の答え |　drew, painted

「なる」の英語とコロケーション

be, become, come, get

日本語には「なる」で表す表現がたくさんあります。英語にする場合には、どのように「なる」のかを考え、それに対応する英語表現の特徴を知っておくことが必要です。

問 題

適切な動詞で空欄を埋めましょう。（答えは1つとは限りません）

Q1： 将来は英語の先生になりたいです。
I want to (　　　) an English teacher in the future.

Q2： 彼のフランス語はよくなったね。
His French has (　　　) better.

Q3： 信太郎君、君は何歳になりましたか。
How old (　　　) you, Shintaro?

Q4： 彼女はようやく泳げるようになった。
At last she (　　　) to swim.

正解と解説　使い方にどんな違いがあるか、見てみましょう。

Q1 の場合、**be** が正解です。becomeも可能ですが、becomeはHe became a doctor.「彼は医者になった」のように、ある状態になった結果について述べるときによく使います。未来のことを指す場合には、一般的にはbe動詞が多く使われます。ちなみに、getもbefore it gets [becomes] dark「暗くなる前」のように、becomeと同じ意味で使うことができますが、getは直後に形容詞をとるため、Q1で使うことはできません。

Q1の説明を踏まえて考えると、**Q2** は後ろに形容詞betterが続くので、getの過去分詞 **gotten** や **got**（主にイギリス英語）が正解です。becomeも可能ですが、コロケーションの点から考えると、betterとの相性のよさはgetとのほうがはるかに上回ります。His French is better.やHis French has improved.とも言えます。

Q3 は「なりました」とあるので、過去形あるいは現在完了形の英語にしなければならないと思う方もあるかもしれません。しかし、これは「今、何歳ですか」と同じ意味になるので、

完了形ではなくbe動詞を使います。よって、主語はyouなので**are** が正解となります。

Q4 の「努力して〜できるようになった」ということを表す場合、becomeは使えません。というのは、becomeは不定詞とは一緒に使えないからです。この場合、learnの過去形 **learned** が正解です。文法的にはgetやcomeも可能ですが、これらはget［come］to know「知るようになる＝知り合う」のような使い方をします。「自分で努力した結果、何かができるようになった」場合はlearnを使います。

日本語の「なる」と対応する英語表現としては、次のようなものもあります。
・Three times two makes［is］six.「3に2を掛けると6になる」
・Later I came［got］to know him better.
「その後、私は彼をもっとよく知るようになった」
・The rain turned into snow.「雨が雪になった」

この他にも日本語の「なる」はまだあります。英語にするときは、「なる」の意味をよく理解してから動詞を決めるようにしましょう。

空欄を埋めましょう。
「大人になったら何になりたいですか」
What would you like to (　　　) when you (　　　) up?

📖 N o t e

日本語では「なる」で表す表現が多用されています。そして、日本人英語学習者の多くは、「なる＝become」と思い込んでいるために、becomeを異常なまでに使う傾向があります。becomeを控えめに使用するために、「〜になる」は、まず、be動詞が使えるかどうかを考えてみてください。
　1. 全部で1万円になります。→ 全部で1万円です。
　　　The sum total is ten thousand yen.
　2. 私は50歳になりました。→ 現在、私は50歳です。
　　　I'm fifty.

次に、「なる」を省いた場合、どのような表現になるかを考えてみてください。
　3. 妻は最近ジャズに興味を持つようになりました　→ 興味を持っている
　　　These days, my wife is interested in jazz music.

4. 私たちが今重大な危険にさらされていることに、私は気がつくようになりました
   → 気がついている

   I realize that we are now in serious danger.

「気がつくようになりました」ということは、今「気がついている」ということなので、現在形で表すことができます。

　becomeのコロケーションで興味深いのは、一緒に使われる単語で最も多いのはmoreだということです。

5. As children grow older, they become more confident.
   「子どもたちは成長するにつれて、より自信を持つようになる」

その次に多いのはincreasinglyです。

6. Recently changing jobs has become increasingly common in Japan.
   「最近は、日本でも転職はますます一般的になってきた」

このように、becomeは過去との比較に関係する単語と一緒に使われる傾向があります。

｜確かめ問題の答え｜　be, grow

「飲む」の英語とコロケーション

....

drink, eat, have, take

日本語で「飲む」という場合は、液体も固体も区別しないで、口の中に物を入れて噛まずに食道に送ることを言いますが、英語では何を飲むかによって使われる動詞は異なります。

問 題

適切な表現で空欄を埋めましょう。（答えは1つとは限りません）

Q1 : 紅茶とコーヒー、どっちを飲みたいですか。
Which would you like to (　　　), tea or coffee?

Q2 : 彼はお酒をまったく飲みません。
He never (　　) alcohol.

Q3 : スプーンでスープを飲むとき、音を立てるのはよいマナーではありません。
It is not good manners to make noises when you (　　)
soup with a spoon.

Q4 : 彼女はこの薬を1日に3回飲まなければならない。
She has to (　　) this medicine three times a day.

正解と解説 使い方にどんな違いがあるか、見てみましょう。

　Q1 のteaやcoffeeだけでなく、milkやjuiceなどの液体には **drink**、**have** を使うことができます。　**Q2** の アルコールの場合はdrinkが一般的ですがhaveも使うことができるので、三人称単数現在形の **drinks**、**has** が正解です。ただ、自動詞drinkには「お酒を飲む」という意味があるので、Do you drink?「お酒を飲みますか？」やWhy don't we go drinking tonight?「今夜飲みに行かない？」などの目的語をとらない文章では、drinkの代わりにhaveを使うことはできません。

　Q3 のようにスプーンを使って飲む場合は **eat** を使います。ただし、clear soup「澄ましスープ」などをカップで飲むときは、drinkやsip「ちびちび飲む」などを使うことができます。また、この場合もhaveが使えるので、eatかdrinkかで迷うときはhaveを使うとよいでしょう。　**Q4** の薬の場合は基本的には **take** を使います。水薬であればdrinkを使うこともできますが、「薬を飲む」場合の動詞はtakeと覚えておきましょう。

他にも「飲む」を表す表現として、Let's talk over a cup of coffee.「コーヒーを飲みながら話をしましょう」という言い方があります。ここでは「飲む」を表す動詞はありませんが、前置詞overが「（食事や仕事など）をしながら」を意味しています。

　これまで「飲む」を意味する英語の動詞を見てきましたが、haveが多くの場合で使用可能であることが分かります。なお、Q1 〜 Q3においてはイギリス英語でtakeを使うこともあり、How do you take your coffee?「コーヒーはどのように飲みますか？」、I take mine black.「ブラックでいただきます」のように言うことができます。

> 空欄を埋めましょう。
> 「私は毎朝ビタミン剤を2錠飲んでいます」
> I (　　　　) two vitamin tablets every morning.

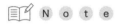

　Q3の正解がeatであることに、違和感を感じた方もあると思います。英語では、フォークやスプーンを使って食べる場合はeatを使います。取っ手の付いたカップなどで直接口を付けてスープを飲む場合は、drinkを使うことができます。では、味噌汁はどうでしょうか。理屈から言えば、箸を使わずに飲む場合はdrinkでも可能ですが、箸を使って具を食べながら飲めばeatとなります。eat miso soupとしたほうが英語としては無難でしょう。

　eatに関して知っておきたい表現として、eat inとeat outがあります。eat inは自宅での食事で、eat outはレストランやファーストフードの店などでの外食を意味します。
　1. Let's eat in tonight.「今夜は家で食事をしましょう」
　2. We eat out on Saturdays.「我が家では土曜日には外食をします」

　イギリス英語では、レストランやファーストフードの店で次のように聞かれることがあります。
　3. Would you like to eat in or out?
　　「店内で食べられますか？　お持ち帰りですか？」
　この場合は、「店内か持ち帰りか」の意味になります。ファーストフードの店では、しばしばeatを省略して"In or out?"「店内ですか、持ち帰りですか？」と少々乱暴に言われることがあります。ちなみに「持ち帰り」を意味するアメリカ英語はtake-outですが、イギリス英語ではtake-awayを使います。

「始まる、始める」の英語とコロケーション

begin, start

「始まる、始める」を表す動詞beginとstartに、使い方の違いはあるのでしょうか。コロケーションの点から考えてみましょう。

問 題

beginまたはstartを使って、空欄を埋めましょう。
（答えは1つとは限りません）

Q1：韓国では、学校は3月に始まります。
School in South Korea (　　　) in March.

Q2：河村君は、来春、新しいビジネスを始めるつもりだ。
Mr. Kawamura will (　　　) a new business next spring.

Q3：競（せ）りの値段は500ドルから始まる。
Auction prices (　　　) at $500.

Q4：列車はエディンバラ駅を発車した。
The train (　　　) from Edinburgh Station.

正解と解説 使い方にどんな違いがあるか、見てみましょう。

Q1 のように学校が始まる場合は、beginもstartも同じように使われます。したがって、三単現（三人称単数現在形）の **begins** と **starts** が正解です。他にも、The concert begins［starts］at seven.「コンサートは7時から始まります」のように、コンサートやパーティーなどのイベントが始まる場合も、どちらの動詞も使うことができます。ただ、話し言葉ではstartが好まれる傾向があります。

Q2 に関しては、**start** が正解ですが、beginを容認するネイティブ・スピーカーもいます。

Q3 の主語pricesに関しては、beginも一緒に使われますが、ここでは **start** が一般的です。beginがpriceと一緒に使われる場合は、The price begins to rise［fall］.「その価格は上がり［下がり］始める」のように、begin to rise［fall］の形になることが多いよう

です。

　Q4 の正解は **started** です。ここではbeganを使うことはできません。この例文のように、エンジンがついた機械・乗り物が主語に来る場合にbeginを使うときは、The train began to move from Edinburgh station.「列車はエディンバラ駅を発車した」のように、to不定詞を使います。また、He climbed into the car, started the engine and drove off.「彼は車に乗り込むと、エンジンをかけて走り去った」のように、目的語にエンジンやエンジンがついた機械・乗り物などが来る場合もstartedは使えますが、beganは使えません。他にも、What time shall we start tomorrow morning?「明日の朝何時に出発しましょうか」のように、「旅を始める」という意味を表す場合も、startの代わりにbeginを使うことはできません。

　置き換え可能な例としては、次のようなものがあります。①理由を述べるときによく文頭で用いられる、「初めに、第一に」を意味するto begin withは、to startとstartで置き換えることができます。②また、「雨が降り始めた」もIt began［started］to rain.と言うことができます。

　このように、beginとstartはほぼ同じ意味で用いられることも多いので、beginとstartの使い方に関しては、beginでは置き換えられないstartの使い方を中心に学習しましょう。

確かめ問題

空欄を埋めましょう。
「彼は車を発進させ、彼女に返事することなく走り去った」
He (　　　　) the car and drove away without answering her.

📖 **Ｎｏｔｅ**

　「始まる、始める」を意味する語にcommenceがあります。beginやstartと比べると形式張った語で、主に書き言葉において使われます。Q1ではcommenceは可能ですが、話し言葉で使うと、たいへん不自然です。ニュアンスとしては、「韓国では学校は3月に開始される」と、少し堅い文体となります。Q2でもcommenceは使用可能ですが、ここでも日本語のニュアンスは、「河村氏は来春、新ビジネスを開始予定である」と、堅い口調になります。Q3でのcommenceの使用は、意味は理解されますが、一般的には使われません。Q4でのcommenceの使用は不可です。

　commenceは、法律上の手続き、軍隊の作戦や会議などで用いられます。

　1.　Legal proceedings will be commenced on or after June 4, 2023.

「訴訟手続きは、2023年6月4日以降に開始されるであろう」
2. They commenced military action in 2022.
「彼らは2022年に軍事行動を開始した」
3. The meeting will commence at 14:00.
「その会議は午後2時に始まります」

　動詞commenceの名詞はcommencementで、「開始、始まり」という意味ですが、アメリカ英語では「卒業式、学位授与式」の意味にも使われます。卒業が新たな人生へのスタートという考え方で、高校や大学の卒業式で使われます。
4. Steve Jobs delivered an address at the Stanford commencement in 2005.
「スティーブ・ジョブズは、2005年、スタンフォード大学の卒業式においてスピーチを行った」

| 確かめ問題の答え |　started

「終わる、終える」の英語とコロケーション

end, finish

前回の「始まる、始める」に続き、今回は「終わる、終える」を表す動詞、endとfinishを考えてみましょう。どちらもほとんど同じように使われますが、違いはあるのでしょうか。

問 題

endまたはfinishを使って、空欄を埋めましょう。
（答えは1つとは限りません）

Q1： 春学期はいつ終わりますか。
When does the spring semester (　　　) ?

Q2： 宿題は終わりましたか。
Did you (　　　) your homework?

Q3： 舗装道路は、その農場のところで終わっています。
The paved road (　　　) at the farm.

Q4： 私は、この本をちょうど読み終えたばかりです。
I've just (　　　) reading this book.

正解と解説 使い方にどんな違いがあるか、見てみましょう。

Q1 は end も finish も正解です。ある期間が「終わる」場合はendもfinishも同じように使うことができます。また、The party ended [finished] at 9.「パーティーは9時に終わった」や、The story ended [finished] happily.「その物語はめでたしめでたしで終わった」のように、パーティーなどのイベントや物語が終わる場合も両方使うことができます。

finishの基本的な意味は、「始めた仕事や行為を成し遂げて完了させる」ことです。したがって、**Q2** は「宿題」を完了させることですので、**finish** が正解です。finishは「完了させる」ことに焦点がありますが、一方のendは完了させたかどうかは関係なく、「どのようにして終わらせるか、終わるか」に焦点があります。例えば、I finished my dinner.「私は夕食を食べ終えた」やI finished my tea.「彼はお茶を飲み終えた」では、一般的にはendを使うことはできませんが、I ended my dinner with tea.「私は夕食の最後にお茶を飲

んだ」として夕食の終わり方に焦点が当てられると、endを使うことができます。また、「夕食を完了させる」ことに変わりはないので、I finished my dinner with tea.とfinishも使うこともできます。しかし、例えばHis effort finally ended in failure.「彼の努力は結局、失敗に終わった」などは、終わった「その結果」に焦点が当たっているのでendを使いますが、一般的にはfinishを使うことはできません。

　焦点以外にendがfinishと異なる点は、「ある形態・状態が変化したその結果、前の形態・状態が終わる」場合に使われることです。 **Q3** を言い換えると、「舗装道路は農場まではあるが、そこから先はない」、つまり状態が変化しているということになります。よって、ここでは、三単現のsを付けた **ends** が正解です。

　Q4 は、「読書という行為が成し遂げられて終わる」ことなので、現在完了形 **finished** が正解です。ちなみに、Q4のように、finishは動名詞「〜 ing」を目的語に取ることはできますが、endは動名詞を取ることはできません。また、endもfinishも不定詞を従えて、×end[finish] to readのようにすることはできないので、注意しましょう。

確かめ問題

空欄を埋めましょう。
「コンサートは何時に終わりましたか」
What time did the concert (　　　　)?

📖 Ｎ ｏ ｔ ｅ

finishしか使えない例を、もう少し考えてみましょう。

1. "Can I leave the table?" "You're not finished yet."
　「席を立ってもいい?」「まだ食べ終わっていないでしょう」
2. "Sit down, please. I'm not finished with you."
　「座ってください。まだ君への話は終わっていません」

2の例文は、目上の立場の人が、目下の人に対して注意や説教などをするときに用いられます。

3. "No, Robert, let me finish."
　「まだだよ、ロバート。最後まで言わせてくれよ」

3の例文は、自分の発言への割り込みを突っぱねる場合の表現です。

finishを含む決まり文句やことわざはあまり見られませんが、endには多く見られます。

4. All may begin a war, few can end it.
「戦争を始めるのは誰にでもできるが、戦争を終わらせることができる人は少ない」
5. Good to begin well, better to end well.
「うまく事を始めるのはよいことだが、うまく終わらせるのはもっとよいことである」

次の表現はシェイクスピアの戯曲のタイトルです。
6. All's well that ends well.
「終わりよければすべてよし」

名詞endの場合は、もっと多くのことわざがあります。
7. Everything has an end.
「物事にはみな終わりがある」
8. The longest day has an end.
「どんな長い日にも終わりがある」
9. The end makes all men equal.
「終わりはすべてのものを同等にする」

| 確かめ問題の答え | end または finish

「教える」の英語とコロケーション

....

teach, tell, show

今回は「教える」です。「教える」を表す英語にはteach、tell、showなどがありますが、使い方に違いはあるのでしょうか。

問題

teach、tell、showを使って、空欄を埋めましょう。
（答えは1つとは限りません）

Q1： すみませんが横浜行きの電車を教えていただけますか。
Excuse me, but could you (　　　) me which train to take for Yokohama?

Q2： 駅はどこにあるか教えていただけますか。
Could you (　　　) me where the station is?

Q3： サリバン先生は私たちに英国史を教えてくれました。
Mr. Sullivan (　　　) us English history.

Q4： イルカたちは、いろいろな芸をするように教えられた。
The dolphins were (　　　) to do various tricks.

正解と解説　**使い方にどんな違いがあるか、見てみましょう。**

　日本語の「教える」には、大きく分けて次の2つの意味があります。(1) 知識、あるいは学問や技能を教える場合、(2) 情報を知らせる[伝える]場合。英語の場合、(1)はteach、(2)はtellやshowを使い、特に図表など使って教える場合はshowを使います。

　Q1 の「横浜行きの電車」は、情報なので **tell** を使います。

　Q2 の駅の場所も情報なので **tell** が正解です。ただし、Q1もQ2も、案内したり地図や指で示したりする場合はshowを使います。showはteachと同じように使う場合もあります。例えば、Please show[teach] me how to use the computer.「コンピュータの使い方を教えてください」という文においては、「使い方」というのが技能なのか情報なのか判断が難しく、使い方を具体的に示しながら教えるのであれば、teachだけでなくshowも可

能です。さらに、口頭で簡単な使い方を教える場合はtellも可能です。

　　Q3 の「英国史」は学問ですので、teachの過去形 **taught** が正解。問題文のように teachは二重目的語(usとEnglish history)を取ります。Mr. Sullivan teaches a class in English history.「サリバン先生は英国史の授業を教えています」のような場合は classと一緒に使い、二重目的語は取りません。また、この文で classをlessonやlecture で置き換えることはできず、それらを使う場合は動詞giveを用います。なお、teachは動物 に対しても使えます。

　　Q4 の「教えられた」は受動態なので、過去分詞 **taught** が正解です。このように teachは動物と一緒に使えますが、動物の中でもlionやelephantなどの、芸を教え込む ことが困難な動物に関しては、teachを使うことに抵抗を感じるネイティブ・スピーカーも います。動物に「教える・しつける」場合は、一般的には動詞trainを使います。ちなみに、 英語にteachとdogを使ったことわざがあります。You can't teach an old dog new tricks.「老犬に新しい芸を教えることはできない」です。これは、「老人に新しいことを教え るのは難しい」という意味だけでなく、「芸は若いうちに学べ」という意味でも使われます。

空欄を埋めましょう。
「電話番号を教えていただけますか」
Would you (　　　　) me your telephone number?

　「教える」という日本語で表される場合にteachを使わない例を、もう少し見ていきましょ う。まず「let＋人＋know」で表現される場合です。
　　1.「その本のタイトルを教えてください」
　　　Let me know the title of the book.
　　2.「彼女が何時に到着するか、彼に教えてください」
　　　Let him know when she will arrive.

　次はtellを使う場合です。
　　3.「今何時か教えてくれますか」
　　　Tell me what time it is now.
　　4.「私の秘密を教えます」
　　　I will tell you my secret.

次にshowを使うことができる場合です。
5. 「この本は、コンピュータがどのようにして動くか教えてくれる」
   This book shows you how a computer works.
6. 「今回の事件は、その問題が日本でいかに深刻であるかを教えてくれた」
   This incident showed us how serious the problem was in Japan.

最後にgive informationやlearnを使って表す場合です。
7. 「アメリカの大学に入学する方法を教えていただきたいのですが」
   I would like you to give me some information on how to enter an American university.
8. 「私はいろいろなことを私の学生から教わった」
   I have learned many things from my students.

　日本語で「教える」という場合、教科や技能や情報を教えることなのかどうかを先ず考えてみましょう。

| 確かめ問題の答え | tell

「学ぶ」の英語とコロケーション

learn, study

前回は「教える」のコロケーションを学びましたが、今回は「学ぶ」を表す動詞learnとstudyを考えてみます。それぞれに違いはあるのか、コロケーションの点から考えてみましょう。

問題

learnまたはstudyを使って、空欄を埋めましょう。
（答えは1つとは限りません）

Q1：私は大学で法学を学んでいます。
I (　　　) law in college.

Q2：私は学生時代にドイツ語を学びました。
I (　　　) German as a student.

Q3：私は彼から英会話を学んで、話せるようになりました。
I (　　　) to speak English from him.

Q4：彼は海外に行くために、一生懸命に英語を学んでいます。
He is (　　　) English hard to go abroad.

正解と解説　使い方にどんな違いがあるか、見てみましょう。

「学ぶ」を表す動詞learnとstudyには、「学んだ結果として知識やスキルなどが身についている」ことに重点を置く場合はlearn、「学んだ経験や過程」に重点を置く場合はstudyという違いがあります。したがって、言葉やスポーツなどを習得する場合にはlearnを使いますが、主に書物を通じて学問として学ぶ場合はstudyを使います。

　Q1 の「法学」は、学問として学ぶので、正解は **study**。ただし、music「音楽」やmathematics「数学」のように習得か学問かが明確ではない場合は、どちらも使えます。**Q2** の「ドイツ語」は、習得に重点が置かれる場合はlearn、学問として学ぶ場合はstudy になるので、過去形 **learned** と **studied** が正解です。
　Q3 は「英語を習った結果、習得できた」ので、studyではなくlearnを用います。よって過去形 **learned** が正解。ちなみに、この文の不定詞句 to speak「話すこと」は名詞的用法なので、動詞learnは他動詞です。learn to doは「〜できるようになる」という意味になり、

learn to swim「泳げるようになる」、learn to ride「乗れるようになる」のように使います。一方、I am studying to be a nurse.「看護師になるために学んでいます」の不定詞句to be「～になるために」は副詞的用法なので、動詞studyは自動詞です。それぞれの動詞と一緒に使われる不定詞の用法にも気をつけましょう。 **Q4** は副詞hardとのコロケーションです。studyはhardと一緒に使うことはできますが、learnはできません。よって、studyの進行形 **studying** が正解です。hardがなければ、learningも正解となります。

「学ぶ」の類義語である「習う」を、「学んで身につける」という意味で使う場合は、learnを用いて、I started to learn the piano.「私はピアノを習い始めました」、I am learning karate.「私は空手を習っています」のように言います。take lessonsを使って、I started to take piano lessons.やI am taking lessons in karate.とすることもできます。

空欄を埋めましょう。
「私は哲学を学ぶことで有益な教訓を学んだ」
I (　　　) a useful lesson from (　　　) philosophy.

N o t e

「学ぶ」を意味するlearnとstudyの違いを、もう一度次の例文で確認しましょう。
1. She studied German at school, but she never did learn it.
   「彼女はドイツ語を学校で学んだが、全く身につかなかった」
studyは「学んだ」という事実に焦点があり、その結果として身についたかどうかということは問題にしません。一方、learnは「身についている」という結果に焦点が置かれています。

さらに2つの違いを、副詞とのコロケーションの点から見ていきましょう。learnとは自然なコロケーションだが、studyとは不自然なコロケーションとなる副詞はあるでしょうか。
2. What is the best way to learn English quickly?
   「英語をすばやく身につける最善の方法は何ですか?」
3. You can learn Korean easily.「君なら韓国語は簡単に習得できる」
4. You will learn slowly through experience.
   「君はゆっくりと経験を通して学んで行くでしょう」
5. I learned a lot from my mother.「私は母から多くのことを学びました」
studyは、2～5の例文の副詞(句)quickly、easily、slowly、a lotと一緒に使うことはできません。ここでa lotは副詞句であり、「ずいぶん、たいそう」という意味です。

| 確かめ問題の答え | learned, studying

94

「関する、考察する」の英語とコロケーション

....

concern, consider

今回は、動詞concernとconsiderの使い方について考えてみましょう。(be) concerned withにも注意です。

問題

concernまたはconsiderを使って、空欄を埋めましょう。
（答えは1つとは限りません。必要なら前置詞なども加えてください）

Q1 ： 本章は、高齢者の精神衛生を扱う[に関することである／を考察する]。
This chapter (　　　　) the mental health of older people.

Q2 ： 本章では高齢者の精神衛生を扱う[を考察する]。
In this chapter we (　　　　) the mental health of older people.

Q3 ： その物語は、王子と貧しい少年に関する話です。
The story (　　　　) a prince and a poor boy.

Q4 ： そのコロケーションのスタイルは、文脈の中で考察されなければならない。
The collocational style must (　　　　) within the context.

正解と解説 　**使い方にどんな違いがあるか、見てみましょう。**

　動詞concernは「（人や物事に）関する」が基本的な意味で、considerは「考察する、よく考える」が基本的な意味です。したがって、この2つの動詞は、一般的には類義語として扱われることはありません。しかし、特定の文脈や語との関係で、しばしば交換可能になる場合があります。どのような場合に交換が可能あるいは不可能なのか、例文で確認してみましょう。

　Q1 はモノ(chapter)が主語の例文です。この場合は、**concerns**と**considers**が正解です。また、目的語には扱う内容、つまり「取り上げて問題にする」内容として「高齢者の精神衛生」が来ているため、「〜に関係している、〜を扱う、取り上げる」という意味を持つ「(be) concerned with 〜」も使えます。よって、**is concerned with**も正解です。ま

た、少しフォーマルな言い方として、concerns itself withもあります。ちなみに、口語的な表現でis aboutも使われますが、書き言葉、特に学術論文や報告書では避けられます。

Q2 は人(we)が主語の例文です。主語が人の場合、「〜に関する」という意味でconcernを使うことはできません。よって、**consider**と**are concerned with**が正解です。また、ここではQ1で使うことができた他の表現は使えません。

Q3 は主語のstoryとのコロケーションです。considerはQ1のchapterやstudy「研究」、paragraph「段落」など、「考察すべき」ある問題を取り扱う主語(単語)と一緒に使うことができますが、storyとは一緒には使えません。したがって、正解は**concerns**と**is concerned with**です。しかし、is concerned withに違和感を覚えるネイティブ・スピーカもいます。

Q4 はWe must consider the collocational style within the context.の受身形です。「考察する」という意味を持つのはconsiderだけですので、正解は**be considered**です。

確かめ問題

空欄を埋めましょう。(1語とは限りません)
「本節では、英語力の向上におけるコロケーション教育の有効性を扱う[考察する]」
In this section, we (　　　　) the effect of teaching collocations on English language proficiency.

📖 N o t e

　辞書でconsiderの例文を確認すると、ほとんどの辞書が、いずれの意味においてもweやtheyなどの人を主語にした例文を掲載しています。しかし、BNCなどのコーパスで調べると、実際にはQ1のような無生物を主語にした用例が多く見られます。特に新聞報道の記事においてはよく用いられています。その場合のconsiderの意味は、「考察する」というだけでなく、「議論する、検討する」という意味でも使われています。

　典型的な例文を見てみましょう。
1. The report considers options for changes to the system.
   「その報告書は、そのシステム変更の手だてを論じている」
2. The Supreme Court will consider the case next month.

「最高裁判所では、来月その訴訟が審理されるであろう」

3. The Committee considered these matters at length.
「その委員会は、これらの問題を長々と議論した」

4. The government considers this project as essential to the infrastructure of the city.
「政府は、このプロジェクトをその都市のインフラストラクチャー（水道、電気、道路、交通、学校などの基本設備）には不可欠であると考えている」

　例文1は動詞concernで置き換えることはできますが、意味が少し異なり、動詞concernで置き換えると「その報告書は、そのシステム変更の手だてに関するものである」という意味になります。2、3、4に関しては、動詞concernで置き換えることはできません。

| 確かめ問題の答え |　consider または are concerned with

「関心がある」の英語とコロケーション

concern, interest

前回は「関する」という意味の動詞concernを扱いましたが、concernは「関心（がある）」を意味する名詞や動詞としても使われます。それでは、同様の意味を持つ名詞または動詞のinterestとはどのような違いがあるでしょうか。

問 題

concernまたはinterestを適切な形に変えて、空欄を埋めましょう。
（必要なら前置詞も加えてください。答えは1つとは限りません）

Q1： 私は、音楽と文学に関心があります。

　　　I am (　　　) music and literature.

Q2： 彼は、その業界には関心がない。

　　　He is not (　　　) the business world.

Q3： 私の最大の関心事は、夫の健康です。

　　　My prime (　　　) is for my husband's health.

Q4： 多くの人々は、飲料水の安全性について大いに関心がある（心配している）。

　　　Many people are deeply (　　　) the safety of their drinking water.

正解と解説 　使い方にどんな違いがあるか、見てみましょう。

　「関心」を「ある物事に注意を払うこと」と定義すると、「気がかりなこと（不安）」と「面白いと思うこと（興味）」の2つがあります。英語では、基本的には前者にconcernを、後者にinterestを使います。そして、「～に関心がある」と言うときは、それぞれ(be) concerned with[about] ～、(be) interested in ～という形になります。このことを踏まえて、2つの語の使い方を考えてみましょう。

　Q1 の音楽や文学への「関心」は「面白いと思うこと」なので、ここではconcernではなく、interestを使います。したがって、**interested in**が正解です。

　Q2 は否定文のため、「興味がない」とも「気がかりではない」とも考えることができるの

で、**interested in** だけでなく、**concerned with** も使うことができます。

　　Q3 の「関心事」は「気がかりなこと」ですので、名詞 **concern** が正解です。次の例文のように関心事が「面白いと思うこと」であれば、interestを使います：Her main interests are in fine arts, books, and the theater.「彼女の主な関心事は、美術と読書と演劇です」。

　　Q4 の「関心」も「気がかりなこと」なのでconcernを使いますが、この例文では「関心」と言うよりも「不安」や「心配」の気持が強いため、concerned withというよりも **concerned about** が適切です。前置詞withとaboutの違いでニュアンスが異なるので、注意しましょう。この問題文は、類義語のworriedやanxiousを使って、Many people are deeply worried［anxious］about the safety of their drinking water.と言うこともできます。

　　これまで見てきたように、concern とinterestとは、類義語というよりも異なった語と理解しておくほうがよいでしょう。ただ、a matter of academic concern［interest］「学問上の関心事」、a lack of concern［interest］「関心の欠如」、an issue of public concern［interest］「世間一般の関心事」などでは、関心事の違いはありますが、交換可能です。

確かめ問題

空欄を埋めましょう。
「私はジャズにすごく関心があります」
I have a strong (　　　　) in jazz.

📖 N o t e

　　名詞concernと名詞interestの違いは、それぞれの類義語を考えると、もっと明らかになります。concernの類義語はworry「心配」やanxiety「不安」です。一般的にはworryやanxietyは個人が抱くもので、concernはしばしば多くの人々が抱くものに用いられます。一方、interestの場合はattention「注意、注目」やattraction「人を惹きつけるもの、魅力」です。

　　次に名詞concernと名詞interestの違いを、一緒に用いる動詞で見ていきます。concernと頻繁に用いられる動詞は次のようなものです。
　　1. This incident caused considerable public concern.

　　　「この事件は、世間の関心を大いに引き起こした」
この場合の「関心」は、「懸念」や「憂慮」などの好ましくないものです。
　　2.　Many parents have voiced concern about their children's safety.
　　　　「多くの親たちが、子どもたちの安全性について懸念の声を上げた」

一方、interest の場合は次のものです。
　　3.　I lost interest in this work.
　　　　「私はこの仕事に興味（関心）を失った」
　　4.　This book attracted a lot of interest.
　　　　「この本は多くの人々の関心を引いた」
　　5.　We encouraged his wide-ranging interests.
　　　　「私たちは、彼が幅広い関心を持つように勧めた」

　これらの例では、一般的には、concern を interest に、interest を concern に置き換えることはできません。

　　　　　　　　　　　　　　　　　　　　　| 確かめ問題の答え |　interest

「考える」の英語とコロケーション

think, consider, ponder

「考える」を表す英語にはthink、consider、ponderなどがありますが、使い方に違いはあるのでしょうか。コロケーションの点から考えてみましょう。

問 題

think、consider、ponderを適切な形にして、空欄を埋めましょう。
（必要なら前置詞も加えてください。答えは1つとは限りません）

Q1：（レストランで）「何食べたい？」「スパゲッティかピザか考えてるんだ」
"What do you want to eat?" "I'm (　　　) spaghetti or pizza."

Q2：（学術論文で）本章ではアメリカの大統領制について考える。
In this chapter we (　　　) the American presidential system.

Q3：彼は行くべきかどうかあれこれ考えながら、しばらくじっと立っていた。
He stood still for a while, (　　　) whether to go or not.

Q4：英語力に磨きをかける最良の方法の1つは、英語で考え、英語で書くことです。
One of the best ways to improve your English is to (　　　) in English and write in English.

正解と解説 使い方にどんな違いがあるか、見てみましょう。

　「考える」を表す英語think、consider、ponderの基本的な違いは、考える深さや態度の違いです。最も一般的な語はthinkです。considerは「じっくり考える」、ponderは、解決すべき問題について「あれこれと注意深く考える」ときに使います。もう1つの違いは、話し言葉と書き言葉で使用される頻度の違いです。thinkは話し言葉で使用頻度が高く、considerは、書き言葉において若干ですが使用頻度が高く、ponderも書き言葉で使用頻度が高いのが特徴です。これらのことに気をつけて、問題を考えてみましょう。

　Q1 は気さくな会話で使われているので、**thinking of [about]** が正解です。文法的にはconsideringも可能ですが、スパゲッティかピザかという食べ物の選択ですので、

「じっくり考える」というのは、大げさでこっけいな使い方となります。

　反対に **Q2** では、文法的にはthink of［about］も可能ですが、学術論文なので **consider** が適切です。文法的にはponderも使えますが、これから扱うテーマに言及しており、解決すべき問題について「あれこれと注意深く考える」以前ですので、ponderはやや不自然となります。

　Q3 は「あれこれと考える」場合ですので、**pondering** が最も適切な語ですが、**considering** や **thinking about** も正解です。thinking of は不自然となるので注意しましょう。

　Q4 は「どう考えるか」ではなく「考える」という行為自体を指しているため、正解は **think** のみです。また、「人間はa thinking reed（考える葦）である」のような表現や、We differ from animals in that we can think and speak.「我々はものを考え、そして話すことができるという点で動物とは異なる」のように、think and speakという慣用的なペアとなる表現においても、considerやponderで置き換えることはできません。

確かめ
問題
空欄を埋めましょう。（必要なら前置詞も加えてください）
「これについてはどう考えますか」
What do you (　　　) it?

 N o t e

　英語学習辞典では、動詞thinkは中学校での学習語で、動詞considerは高校での学習語となっていますが、動詞ponderは大学生や社会人に必要な語となっています。3つの動詞の中ではponderがいちばん難易度の高い語となっています。

　ponderのコロケーションの特徴の1つは、時間を表す副詞と一緒に用いられることが多い点です。
1. She pondered long and deeply on the question.
　　「彼女はその問題を長いことじっくりと考えた」
2. He was pondering his position awhile.
　　「彼は自分の立場をしばらく考え続けていた」
3. She pondered again and again what to write.
　　「彼女は何を書くべきか何度も何度も考えた」

4. He was still pondering over the problem.
「彼はその問題について、なおも考え続けていた」

ponderは、carefullyやdeeplyのような様態副詞と一緒に用いられるのも、特徴の1つです。

5. They carefully pondered how to resolve the problem.
「彼らはその問題をどのようにしたら解決できるか、注意深くあれこれ考えた」

これらの5つの例文においては、ponderをthinkやconsiderで置き換えることができます。

| 確かめ問題の答え | think of または think about

「思う」の英語とコロケーション

·····

think, feel, suppose

前回は「考える」を扱いました。今回は、「考える」と類似した意味を表す「思う」について考えてみましょう。「思う」を表す英語にはthink、feel、supposeなどがありますが、使い方に違いはあるでしょうか。

問　題

think、feel、supposeを適切な形に変えて、空欄を埋めましょう。
（答えは1つとは限りません）

Q1： 彼は何歳だと思いますか？
How old do you (　　　) he is?

Q2： カズオ・イシグロは、今世紀の最も偉大な小説家のひとりだと思います。
Kazuo Ishiguro is, I (　　　), one of the greatest novelists of this century.

Q3： 物ごいと思われていた人は、王子だった。
The (　　　) beggar turned out to be a prince.

Q4： 彼には自分がまるでまったく違う世界にいるように思えた。
He (　　　) as if he were in quite a different world.

正解と解説 **使い方にどんな違いがあるか、見てみましょう。**

　日本語の「考える」は、頭を働かせて思考することで、「思う」は感覚や感情が自然にわき出ることです。また、「考える」は理知的で、「思う」は情緒的なニュアンスがあります。英語では、thinkは「考える」と「思う」の両方に用いることができますが、supposeは主に「思う」に用いられ、feelは特に感性的判断の「思う」という意味で使われます。

　Q1 は、一般的には **think** を使いますが、**suppose** も可能です。注意点は、「何歳だと思いますか」という日本語の語順に影響されて、×Do you think［suppose］how old he is?とは言えないことです。疑問文において、thinkやsupposeは、疑問詞（how、when、where、whoなど）を目的語とする場合は、疑問詞が文頭に来ます。疑問詞を使わない場合は、yesかnoで答えられるので、Do you think it will rain tomorrow?「明

日は雨が降ると思いますか？」のような語順となります。

Q2 は、話し手の主観を表すI think [feel/suppose]が、文頭だけでなく文中の挿入句として可能かどうか、という問題です。いずれの動詞も可能です。したがって、**think**、**feel**、**suppose** 全て正解です。また、これらを文末に用いて、He is one of the greatest novelists, I think [feel/suppose].とすることもできます。

Q3 は受け身形「思われていた」なので、正解はsupposeの過去分詞 **supposed** です。ここではthoughtやfeltを使うことはできません。

Q4 は、仮定法as if「まるで〜のように」とのコロケーションの問題です。正解はfeelの過去形 **felt** です。thinkやsupposeは、as ifやas thoughと一緒に使うことはできません。また、as if、as thoughの代わりにlikeを使って、He felt like he was in quite a different world.とすることもできますが、ここでもthinkやsupposeは使えません。

確かめ問題

空欄を埋めましょう。
「私はどこに住んでいると思いますか？」
Where do you (　　　　) I live?

📖✏️ N o t e

Q2の正解であるI think [feel/suppose]は、話し言葉特有の使い方で、文字どおりの辞書的な意味、つまり「私は思います、感じます」という意味だけでなく、話し手の心の態度を表しています。つまり、I think [feel/suppose]を挿入、あるいは追加するのは、断定的で、独断的なものの言い方として受け取られないように、口調を和らげ、聞き手との関係を壊さず、自然な会話の流れを保とうという、話し手の態度を反映しています。

I think [feel/suppose]は、アメリカ英語よりもイギリス英語において多少多く使われていますが、同じ機能を持つI guessは、アメリカ英語特有の表現と言えます。
1. He doesn't want me to go, I guess.
   「彼は僕に行ってもらいたくないと思うよ」

同じような働きをする表現としてit seemsがあります。
2. The conclusion, it seems, is too difficult to accept.
   「その結論はとても受け入れられないように思えるね」

3. He wants to avoid this problem, it seems.
「彼はこの問題を回避したいように見えるね」

ときにはit appearsも用いられます。

4. He is worried about something, it appears.
「彼は何か心配事があるように私には見えますが」

これらの表現は、特に自分の意見や判断をはっきりと述べた場合に付け加えられる傾向があります。

| 確かめ問題の答え | think または suppose

「笑う」の英語とコロケーション

laugh, smile

今回は「笑う」を考えましょう。「笑う」を表す英語には、laugh、smileなどがありますが、使い方には違いはあるでしょうか。

問題

laughまたはsmileを適切な形にして、空欄を埋めましょう。
（答えは1つとは限りません）

Q1： 私たちは学生の頃、一緒に泣き、そして笑った。
When we were students, we (　　　) and cried together.

Q2： その赤ん坊は、私の顔を見てにっこりと笑った。
The baby (　　　) at me when she saw my face.

Q3： 彼は孫娘からの手紙を読んで、独り笑いをした。
He read a letter from his granddaughter and (　　　) to himself.

Q4： 彼女は、あんな辛い目にあったのに、どうして笑っていられるのだろうか。
How does she keep (　　　) after that hard time?

正解と解説 **使い方にどんな違いがあるか、見てみましょう。**

「笑う」を表す英語のlaughとsmileの基本的な違いは、laughは「声を出して笑う」ことで、smileは「声を出さないで笑う」ことです。また、laughの反意語はcryで、smileの反意語はfrown「顔をしかめる」です。これらを意識して、問題を考えてみましょう。

Q1 の「笑った」は、criedが「声を出して泣いた」を意味するので、それに対応して「声を出して笑った」と理解できます。正解はlaughの過去形 **laughed** です。ちなみに、「泣いたり笑ったり」は、英語では逆の語順laughing and cryingが一般的です。

Q2 の「にっこりと笑った」とは、「声を出さないで笑った」という意味なので、正解はsmileの過去形 **smiled** です。もちろん、赤ん坊が声を出して笑う場合は、When the baby laughed, her face crumpled up.「赤ん坊が笑うと、彼女の顔はしわくちゃになった」のように、laughを使うことができます。

Q3 の「独り笑い」は、「にやりとほくそ笑む」笑いであればsmileですが、思わず声を出さずにはいられない笑いであればlaughです。したがって、それぞれの過去形である **smiled** と **laughed** の両方が正解です。

Q4 の「笑う」は、実際に「声を出して笑う」という意味ではなく、「明るく笑顔で前向きに生きる」という意味を含んでいるので、smileを使います。よって、keepの目的語となるので動名詞 **smiling** が正解。keep smilingという表現は、このまま単独で用いて「いつも笑顔で頑張って」という励ましの言葉や、「お元気で」という意味で、別れ際のあいさつとしても使われます。

smileの主語が人でない場合もあります。例えば、I was scolded by my father, but his eyes were smiling.「私は父にしかられたが、父の目は笑っていた」などです。ただし、父の目が明らかにうれしそうに笑っている場合は、his eyes were laughingと言うこともできます。他にも、Fortune smiled on me.「幸運が私に微笑んだ（運が向いてきた）」などがありますが、この場合は、smileをlaughで置き換えることはできません。

確かめ問題　**空欄を埋めましょう。**
「彼女は、笑うこともしかめ面をすることもなく、カメラをじっと見つめた」
She stared fixedly at the camera, neither (　　　) nor frowning.

📖 Ｎ ｏ ｔ ｅ

　動詞laughとsmileのコロケーションの違いを、副詞との関係で見ていきます。laughとsmileの基本的な違いは、laughは「声を出して笑う」ことで、smileは「声を出さないで笑う」ことなので、smileは副詞loudlyやaloudと一緒には使いません。
1. Don't laugh so loudly.「そんな大声で笑うなよ」
2. He laughed aloud in spite of himself while reading.
「彼は読書しているときに、思わず声を出して笑った」

loudlyは「大声で、声高に」ですが、aloudは「（人に聞こえる程度に）声を出して」ですので、「音読」はreading aloudと言います。reading loudlyとは言いません。「音読してくだ

さい」のつもりでread loudlyと言うと、「大声を出して読みなさい」という意味になります。

　一方、laughとは一緒に用いない副詞は、thinlyやbroadlyなどです。
　3.　She smiled thinly.「彼女はかすかな笑みを浮かべた」
thinlyの代わりに、weakly「弱々しく」やfaintly「かすかに」を使うこともできます。

　4.　She smiled broadly at me.「彼女は私を見てにこやかに微笑んだ」
broadlyの代わりにsweetlyを用いることもできます。その他に、shyly「恥ずかしそうに」、innocently「無邪気に」、sheepishly「おどおどしたように」などの副詞と一緒に使われます。laughに比べると、smileは細やかな感情を表す副詞と一緒によく使われます。

　　　　　　　　　　　　　　　　　　　｜確かめ問題の答え｜ smiling

「議論する」の英語とコロケーション

....

discuss, argue

今回は、「議論する」を扱います。「議論する」や「論じる」を表す英語として、discuss、argue などがありますね。使い方には違いはあるでしょうか。

問　題

discuss、argue を適切な形にして、空欄を埋めましょう。
（答えは1つとは限りません）

Q1: 私たちは、その問題について社長と議論した。
　　　We (　　　) the matter with the president.

Q2: 言語学者たちは、その学説が正しいかどうか議論している。
　　　Linguists are (　　　) about whether the theory is right.

Q3: 市民は誰でも自分が望むように投票すべきだ、と彼は論じた。
　　　He (　　　) that all citizens should vote as they wish.

Q4: すでに論じられたように、沈黙はしばしば特別な意味を持つことがある。
　　　As has already been (　　　), silence often has a peculiar significance.

正解と解説　**使い方にどんな違いがあるか、見てみましょう。**

　「議論する、論じる」を表す英語のdiscussとargueの基本的な文法上の違いとして、discussは他動詞で、argueは自動詞でも他動詞でも使う点が挙げられます。意味の違いとしては、discussは「いろいろな角度から検討して、結論に達するために議論する」のに対し、argueは「自分の意見を主張する」や「賛成であるか反対であるかの意見を言う」意味です。この違いを念頭に置いて、問題文を考えてみましょう。

　Q1 では、すぐ後に名詞の目的語が来ているので、かっこの中には他動詞が入ります。したがって、それぞれの過去形 **discussed** と **argued** が正解です。discussの場合、日本語の「〜について」に引っ張られてdiscuss aboutとしがちですが、間違いです。一方、argueは、We argued about the matter with the president.でも大丈夫です。Q1の意味の違いとしては、discussの場合は、議論している客観的な状況を述べています

が、argueの場合は、感情的になってお互いの主張を言い争っている状況を表します。

　Q2 の場合は、前置詞aboutが続くので、かっこの中は自動詞です。したがって、argueの進行形 **arguing** が正解となります。discussを使って、Linguists are discussing whether the theory is right.とすることもできます。

　Q3 は、that節とのコロケーションです。argueはthat節を取りますが、discussはthat節を取ることはできませんので、正解はargueの過去形 **argued** です。

　Q4 は、受動態にすることができる動詞についてです。正解はそれぞれの過去分詞形 **discussed** と **argued** です。ちなみに、as discussed［argued］above［earlier］「上で［先に］論じたように」や、as I (have) argued［discussed］before「以前論じたように」と言い換えることもできます。

　discussとargue以外に「議論する」を意味する英語には、talk aboutがあります。Q1とQ2では使うことができ、Q4では、一般的ではありませんが、可能です。Q3では使えません。

確かめ問題

空欄を埋めましょう。
「私は、私たちがこの行事に参加すべきかどうか友人と議論した」
I (　　　) with my friends about whether we ought to take part in this event.

📖 N o t e

　動詞discussとargueのコロケーションの違いを、副詞との関係で見ていきましょう。まず、argueを修飾する副詞を見ていきます。
　　1. He argued strongly for the plan.
　　　　「彼はその計画に対して、はっきりと賛成意見を述べた」
　　2. We argued strongly against the proposal.
　　　　「我々はその提案に対して強く反論した」

　argueを修飾する副詞で最も頻度の高いのはstronglyです。その場合、argue strongly for［against］～「～に強く賛成［反対］する」のパタンが多く見られます。次に多いパタンは、次の例文のようにargue strongly that ～です。

3. He argues strongly that the news report must be wrong.
「そのニュースは間違っているに違いないと、彼は強く主張する」

strongly と同じように、自分の主張を強調・確信する副詞として、powerfully、convincingly も argue を修飾するために使われます。一方、discuss の場合は strongly、powerfully、convincingly と一緒に使われることはありません。次の例のように、fully、much、briefly、widely のような、より客観的な副詞と一緒に使われます。

4. The matter was once fully[much] discussed in 1990s.
「その件は、1900年代に一度大いに議論されたことがある」

5. The validity of a cancer test has been briefly discussed in Chapter 2.
「がん検診の有効性は、第2章で簡単に論じられている」

6. The merits and demerits of this vaccine have been widely discussed in the newspapers lately.
「このワクチンの長所と短所は、最近新聞で広く論じられてきた」

| 確かめ問題の答え | argued

第 **3** 章

形容詞の類義語と
コロケーション

「高い」の英語とコロケーション

....

high, tall

今回は、形容詞highとtallの違いについて学びましょう。では、早速、次の問題を解いてみましょう。

問 題

highまたはtallを適切な形にして、空欄を埋めましょう。
（答えは1つとは限りません）

Q1：私は天井の高い、広い部屋が好きです。
I like a large room with a (　　　) ceiling.

Q2：彼女は母より背が高い。
She is (　　　) than her mother.

Q3：あれはこの市で最も高い建物です。
That is the (　　　) building in this city.

Q4：父のコレクションは、非常に質の高いものばかりです。
My father's collection is of very (　　　) quality.

正解と解説　**使い方にどんな違いがあるか、見てみましょう。**

　highとtallのコロケーションに関しては、大きく次の4種類に分けられます。(1)一般的にhighを使う場合、(2)一般的にtallを使う場合、(3)どちらも使える場合、(4) highしか使えないメタファーの場合。

　Q1 の「天井」のように「地面から高い位置にある物を指すとき」には、**high** を使います。他にwall「壁、塀」、fence「フェンス、柵」、mountain「山」もhighと一緒に使えます。tall mountainと言うこともできますが、high mountainが一般的です。

　Q2 のように身長について言うときはtallですが、比較級の文なので **taller** が正解です。tallは「下から上までどれくらいの長さかを指すとき」に使い、細長く上に伸びているtree「木」、chimney「煙突」にも使われます。

Q3 はhighでもtallでも可能です。「最も高い建物」とあるので、最上級 **highest** と **tallest** が正解。highもtallも使えるものとしては、他にtower「塔」があります。

Q4 の例はQ3までとは異なります。Q3までの例は、いずれも目に見える物理的な空間の高さを表していますが、Q4では「高い」の意味を広げ、空間的な高さではない、quality「質」に対して使っています。これを意味の拡張と言い、このような表現方法を比喩の一種であるメタファー（metaphor）と言います。Q4は **high** が正解となります。

このようなメタファーの点からhighとtallのコロケーションを比較すると、high は「高い」などのメタファーとして使われることが多く、tall はtall order「無理な注文」、tall story［tale］「ほら話」など、メタファーとしては使われる場合は限られています。 highを使うメタファーの例に、high price「高値」、high income 「高収入」、high-level discussion「程度の高い議論」、higher education「高等教育」などがあります。high speed「高速」のように物理的な速さや、high temperature「高温」のように物理的な温度の高さ、そしてhigh winds「強風」のように、風の強さも空間的な「高さ」の意味を広げて表しています。最近の言語学では、このような使い方を「概念メタファー」(conceptual metaphor)と解釈しています。これらの例では、highの代わりにtallを使うことはできません。

 確かめ問題 **空欄を埋めましょう。**
「その背の高い男性は、その家を高値で売った」
The (　　　) man sold the house for a (　　　) price.

📖 N o t e

highはメタファーとして使われることが多いと述べましたが、highの反意語である「低い」を表すlowも、メタファーとして使われます。BNCを使ってhighとlowが修飾する直後の高頻度名詞20位までを調べてみました。物理的な空間の意味で使われているhighやlowのコロケーションは、17位lower lip「下唇」(low lipではないことに注意)だけで、他はすべてメタファーとして使われています。それぞれの形容詞が修飾する6位までの名詞は、次のとおりです。

high : education, level, court, street, standard, rate
low : level, income, price, rate, cost, house

lowとhouseのコロケーションであるthe lower houseとは、議会の「下院」のことで

sreak

す。反意語関係にある形容詞highとlowがメタファーとして使われているコロケーションには、次のようなものがあります。

(a) high level vs. low level
(b) high standard vs. low standard
(c) high quality vs. low quality
(d) high price vs. low price
(e) high risk vs. low risk
(f) high income vs. low income

これらに相当する日本語もまた、英語と同じように空間的な高低で言い表すことができます。

(a)「高レベル・低レベル」
(b)「高水準・低水準」
(c)「高品質・低品質」
(d)「高価格・低価格」
(e)「高い危険性・低い危険性」
(f)「高収入・低収入」

| 確かめ問題の答え | tall, high

「よい」の英語とコロケーション①

....

good, nice

「よい」を和英辞典で引くと、goodとniceが挙げられています。単語の意味を考えると、どちらもほぼ同じ意味で、使い方には区別がないように見えますが、果たしてそうでしょうか。

問 題

goodまたはniceを適切な形にして、空欄を埋めましょう。
（答えは1つとは限りません）

Q1： 大学生活でよいことの1つは、時間を自由に使えることです。
One of the (　　　) things about college life is that you can use your time freely.

Q2： 彼女はそのよい知らせを聞いて大喜びしました。
She was delighted to hear the (　　　) news.

Q3： 誠意をもって行動してください。
Please act in (　　　) faith.

Q4： うれしい驚きだな。
What a (　　　) surprise!

正解と解説　**どんな語と一緒に使われるか、見てみましょう。**

goodとniceのコロケーションは、次の3種類の場合に分けられます：(1)両方とも使える場合、(2) goodしか使えない場合、(3)niceしか使えない場合。

Q1 のthingsにはどちらも使えるので、正解は **good** と **nice**。

Q2 ではthe nice newsとは言えず、正解は **good** です。No news is good news.「便りのないのはよい便り」ということわざがありますが、これもgoodの代わりにniceは使えません。

Q3 もin nice faithとは言えず、正解は **good**。

一方、**Q4** ではgoodは使えず、正解は **nice** です。

Q2に関して、英語を母語とするネイティブ・スピーカーに、なぜnice newsと言えな

いか尋ねると、多くの人が「理由は分からないがnice newsとは言わない」と答えます。コロケーションの場合、このようにしばしば論理的な説明が困難な場合があるため、good newsのように、ひとかたまりで慣用表現として覚えるようにしましょう。

■「**good＋名詞**」：goodとniceの仲良しの単語を調べると、一般的にgoodはtime, evening, morningなどの「時間に関する語」と一緒に使われることが多く見られます。あいさつのGood morning.の代わりにNice morning.と言うと、単に「天気のよい朝」という意味になり、あいさつにはなりません。

■「**nice＋名詞**」：一方、niceはman、people、girl、personなど「人に関する語」と一緒に使われることが多く見られます。もちろんgood man, good people, good girlとも言えますが、ニュアンスが少し異なります。例えば、nice guyは「いいやつ」ですが、good guyは「いいやつ」だけでなく、「(映画などの)善玉・善人」の意味でも使われます。

　一般的に、goodはniceに比べ、より客観的な評価に基づいているように思え、niceはgoodよりも話し手の主観的な評価に基づいているように思われます。このように、同じ意味に思える単語も、コロケーションで考えると明確な違いが見えてきます。

確かめ問題 空欄を埋めましょう。
「祖母は92歳ですが今も元気です」
My grandmother is still in (　　　) health at the age of 92.

Note

　次の例文はネイティブ・スピーカーによって反応が違います。
　・This is a good chance for me.
　「これは私にとってはよいチャンスです」
　ネイティブ・チェックをすると、「nice chanceとは言わない」という意見がある一方、「good chanceのほうがより一般的だが、nice chanceは許容できる」とするネイティブ・スピーカーが複数いました。このように、コロケーションに関してはネイティブ・スピーカーによって意見が異なることがあります。

　goodとniceについてBNCで使用頻度を調べると、goodがniceの約6倍多く使われています。また、名詞とのコロケーションを調べると、niceよりもgoodのほうが多くの名詞を修飾できます。その点では、goodとniceのコロケーションに関しては、goodのほうがコロケーションの幅はより広いと言えます。

「正解と解説」において、「あいさつのGood morning.の代わりにNice morning.と言うと、単に「天気のよい朝」という意味になり、あいさつにはなりません」と述べました。この2つは元々の英語の構造が異なっています。Nice morningの英語の構造は、次の文です。

・It is a nice morning.

あるいは、直訳的に言えば次のような文となります。

・Today's morning is nice.

　一方、Good morning.はNice morning.のような単なる陳述ではなく、相手の健康や幸福を願う祈願文です。

・I wish you a good morning.

Merry Christmas!もHappy New Year!もI wishが省略された祈願文です。

・I wish you a Merry Christmas!
・I wish you a Happy New Year!

| 確かめ問題の答え | good

「よい」の英語とコロケーション②

good, fine

「よい」を表す英語には、一般的にはgood、fine、niceがあります。そこで、今回はgoodとfineについて考えてみましょう。

問 題

goodまたはfineを使って、空欄を埋めましょう。
（答えは1つとは限りません）

Q1： 1週間、よい天気が続いています。
The weather has been (　　　) for a week.

Q2： 彼は遅刻のうまい言い訳をした。
He made a (　　　) excuse for his delay.

Q3： おはよう。頑張ってね。
(　　　) morning!　(　　　) luck!

Q4： 「もう少しコーヒーはどうですか」「いいえ、結構です。どうも」
"More coffee?"　"No, I'm (　　　), thanks."

正解と解説　**使い方にどんな違いがあるか、見てみましょう。**

「よい」を意味するgoodとfineは、多くの場合、類義語として交換可能です。違いとしては、goodは「上等な、申し分ない、行儀のよい」、fineは「立派な、差し支えない」と説明でききます。「よい」の度合いとしては、goodのほうが強いと感じるネイティブ・スピーカーが多いようです。

Q1 では、どちらも同じ意味で使えるので、正解は **good** と **fine**。他にも、a house commanding a fine[good] view「見晴らしのよい家」、You did a good[fine] job.「よくやりましたね」などの場合も、同じ意味で使うことができます。

Q2 は **good** が正解です。fineでも理解できますが、コロケーションとしては不自然になります。興味深いのは、boyとのコロケーションであるa good boyとa fine boyはどちらも自然なコロケーションですが、"Hurry up. That's a good boy."「急いでくれよ、い

120

い子だね」のように、子どもをあやしたり、褒めたりするときの決まり文句では、fineで置き換えることはできません。また、wordとのコロケーションでは、goodもfineも同じように使うことができます。しかし、文脈にもよりますが、Good words cost nothing.「親切な言葉を言うのにお金はかからない」、Fine words butter no parsnips.「どんな立派な言葉を並べても、アメリカボウフウ（根菜）の味付けにもならない」＝「口先だけ立派では何の役にも立たない」のように、good wordsに比べると、fine wordsは否定的に使われることが多いようです。

Q3 の場合のような決まり文句としてのあいさつ言葉では、fineを使うことができません。正解は2つとも**Good**です。

Q4 も一種の決まり文句なので、**fine** が正解です。しかし、Q4の場合、最近のアメリカ英語ではgoodも使われ始めています。この場合でのgoodの使用に関しては、好ましく思わない人もいるようです。

goodとfineは一見同じ意味を持つ単語に見えても、他の語との関係で考えてみると微妙な違いがあることが分かりますね。fineには「よい」以外の意味も多くあり、そこではfineの代わりにgoodは使えません。the fine arts「美術」、fine chemicals「精製化学薬品」、そしてThere's a very fine line between success and failure.「成功と失敗は紙一重です」のような場合です。

空欄を埋めましょう。
「よい考えだと思いませんか」
Do you think it's a (　　　) idea?

Ｎ ｏ ｔ ｅ

　goodをfineで置き換えられない表現に、That's a good question.というのがあります。例えば、次のように使います。
　　A: When you say the mainstream of American culture, what is "main-
　　　stream"?
　　B: Yea, that's a good question.
　　「米国主流の文化とおっしゃいますが、主流とはどういうことですか？」
　　「う〜ん、いい質問ですね」

これは授業や会議などでよく使われる表現です。英語の場合、この表現はしばしば興味深い質問や答えるのが難しい質問に対して使われるので、That's an interesting question.や、That's a difficult question.と同じような意味です。ときには、答えをすぐに見い出せないための時間稼ぎにも使われます。

次のような例文においてもfineは使われません。

1. That was a good guess.
   「お見事な推測でした」
2. What's the best way to deal with this?
   「これに対する最善の対処方法は何ですか?」
3. Mr. Sullivan, is it a good time to talk to you?
   「サリバンさん、今お話してもよろしいでしょうか?」

3の文は、May I talk to you?と同じ意味で、「あなたに今お話ししたいのですが、ご都合はいいでしょうか?」という、相手の都合を聞くときの丁寧な表現です。これらの例において、a fine guess、the finest way、a fine timeのようにfineを使っても文法的に間違いというわけではありませんが、コロケーションの点において不自然であり、少なくともネイティブ・スピーカーは使用しません。

| 確かめ問題の答え | good または fine

「明るい」の英語とコロケーション

bright, brilliant

今回は、「明るい」を意味する形容詞brightとbrilliantの違いを学んでいきましょう。これらには「素晴らしい」という意味もありますが、どちらも同じように使うことができるでしょうか。

問題

brightとbrilliantを使って、空欄を埋めましょう。
（答えは1つとは限りません）

Q1： 彼は明るい光に目を閉じた。
　　　He closed his eyes against the (　　　) light.

Q2： そのとき、彼に素晴らしい考えが浮かんだ。
　　　Then a (　　　) idea came to him.

Q3： ジョンは広い明るい部屋の中で孤独を感じた。
　　　John found himself alone in the large (　　　) room.

Q4： 素晴らしい演奏だったね。
　　　It was a (　　　) performance.

正解と解説 使い方にどんな違いがあるか、見てみましょう。

　英語学習辞典によると、「明るい」の意味を表す一般的な語はbrightで、まばゆいほどの明るさを指す場合の語はbrilliantと説明されており、英英辞典の中には、brilliantをvery brightと定義しているものもあります。この2つの形容詞の違いは、単に明るさの違いだけでしょうか。コロケーションの点から考えてみましょう。

　Q1 は、目を閉じなければならないほどの明るさの光を指しているので、**brilliant** がぴったりですが、「明るい光」とだけあるので、**bright** も正解です。

　Q2 のidea「考え」には、知的な明るさを意味する **bright** も **brilliant** も使えます。

　Q3 はQ1と同じように思えますが、「明るい部屋」という意味でbrilliant roomとは言えず、**bright** が正解。

Q4 は、performance「演奏」とbrightは一緒に使えず、**brilliant** が正解です。

brightは、room「部屋」やmorning「朝」などの物理的な明るさを表すときに使われることが多い単語です。一方、brilliantは「(まぶしいくらい)明るい」という意味を持つので、一般的に「明るい」を表すbrightに比べ、物理的な明るさを表す単語としての用途は限定されます。例えば、brilliant color「きわめて明るい色」やthe brilliant lights of the city「きらめくほどの明るい街の灯り」とは言えますが、a brilliant roomやa brilliant morningはアニメ映画のような特殊な状況や場面でなければ、一般的なコロケーションではありません。

「明るい」という意味のbrightやbrilliantの類義語としては、他にbeamingやradiantがあります。このbeamingとradiantは、smileと一緒に使うと、brightやbrilliantと同じように「明るい笑顔」の意味になります。また、ニュアンスは少し異なりますが、Q1にもradiantを使うことができます。しかし、その他の問題では、beamingもradiantも使うことができません。コロケーションの視点から類義語を見ていくと、厳密な意味で同義語として常に同じように用いることはできないことが分かりますね。

> **確かめ問題**
> **空欄を埋めましょう。**
> 「この素晴らしい本の中で、多くの素晴らしい考えと出会えます」
> You can come across many (   ) ideas in this (   ) book.

Note

抽象的な意味を表す名詞、例えばideaやfuture「未来」などの抽象名詞とのコロケーションでは、brightもbrilliantも両方使えますが、performanceやnovel「小説」などの名詞と一緒に使えるのはbrilliantだけです。brightとbrilliantには文法的コロケーションの違いもあります。次の例文を見てください。

・I was convinced that he had a much brighter future as a scholar than as a teacher.
「彼には教師としてよりも学者としてのはるかに明るい未来があると私は確信していた」

例文中のbrighter futureのように、brightは比較級を作ることができますが、brilliantは比較級を作ることができません。最上級に関しても同じことが言えます。知性を光りにたとえて、「(人の頭の働きが)明るい」ということで、次の例文のようにbrightとbrilliant

は「頭脳が明晰である」という意味でも使われます。

・She is a bright and cheerful girl.「彼女は聡明で快活な女の子です」
・He is a brilliant student.「彼は優秀な学生です」

　この場合、brilliantのほうが高い評価を表す形容詞です。興味深いことに、次の例文において、brightは「頭脳が明晰である」という意味ではなく、「性格的に明るい」という意味になります。

・He is a bright and happy child.
　「彼は明るくて（元気いっぱいで）楽しそうな子どもです」

　一緒に使われる語によって、意味は微妙に変わります。

| 確かめ問題の答え | bright または brilliant, brilliant

「生(なま)」の英語とコロケーション

....

raw など

「生(なま)」に相当する英語と言えばrawが思い浮かびます。しかし、「生意気」、「生演奏」ではどうでしょう。今回は、「生」とrawがどれくらい一致するのか見ていきましょう。

問 題

適切な語で空欄を埋めましょう。(答えは1つとは限りません)

Q1: 熱いご飯に生卵をかけるのが好きですか？
Do you like putting a (　　　) egg on hot rice?

Q2: これは生データにすぎないので、さらに分析する必要があるでしょう。
This is only (　　　) data and will need further analysis.

Q3: 私は彼の生意気な態度には我慢できない。
I can't stand his (　　　) attitude.

Q4: ロックミュージシャンの生演奏を聞いたのは、それが2度目でした。
It was the second time I attended a (　　　) performance by a rock musician.

正解と解説　「生」とrawはどれくらい一致するのでしょうか。

　rawには、「加熱処理・加工がされていない」という意味があり、日本語の「生」と同じように使われることがあります。しかし、全ての「生」にrawが使えるわけではありません。「生」とrawの関係は、大きく次の3種類に分類できます。(1)意味も表現も対応する場合、(2)共通の意味を持っているが表現は対応しない場合、(3)対応しない場合。

　Q1 の「生卵」はraw eggと言うので、**raw** が使えます。「加熱処理がされていない」食べ物については「生」とrawは対応し、分類(1)に当てはまります。したがって、火の通っていない肉や魚もraw meat、raw fishとなり、「生野菜」や「生もの」もraw vegetable、raw foodと言えます。　**Q2** の「生データ」は分析していない、つまり「手を加えていない、加工されていない」という意味で、「生」とrawは対応しているので、分類(1)に当てはまり、**raw** が使えます。同じように「原料」もraw materialと言います。　**Q3** の「生意気」は、「自分の年齢や能力を考えずに出過ぎた言動をすること」を意味し、rawではなく**im-**

pudent、impertinent、saucy、insolent、cheeky などが当てはまります。rawにも「未熟な、経験のない」の意味で、「新参者、新人」raw recruit や「青二才」raw youth という表現がありますが、「生意気」とは意味が異なるため、分類(2)の仲間です。**Q4** の「生演奏」は、「録音・編集がなされていない」演奏のことですが、ここでrawは使えず、「生（演奏）の」という意味を持つ **live** が正解です。同様の例として、「生番組」live program、「生放送」live broadcastなどがあり、これらは全て分類(2)となります。

　日本語には「生」のつく表現が多く見られ、その多くが上記の分類(3)に当てはまります。例えば、「なま欠伸」small yawn、「生々しい」vivid [fresh/terrible]、「生乾き」half-dried、「生臭い」fishy、「生菓子」Japanese sweets、「生唾」saliva、「生返事」reluctant [vague] answerなどがあります。日本語の「生」は、コロケーションの多様性においては、英語のrawをはるかにしのいでいると言えるでしょう。

確かめ問題

空欄を埋めましょう。
「私は、生魚も生菓子も食べられません」
I can't eat (　　　) fish or (　　　) sweets.

Ｎｏｔｅ

　「生」とrawの関係について、大きく3種類に分類しましたが、その分類に沿ってさらに他の例を見ていきましょう。まず、「(1)意味も表現も対応する場合」の例として、「生ゴム」raw rubber、「(殺菌していない)生ミルク」raw milk、「生麦」raw grainなどがあります。
　次に、「(2)共通の意味を持っているが表現は対応しない場合」の他の例として、日本語の点からは「生水」unboiled water、「生味噌」uncooked miso、「生焼け」half-roasted があります。英語の点からは「加工されていない」という意味で、raw petroleum「原油」、raw brick「焼かないレンガ」、raw land「荒地」があります。「完成されていない、未熟な、経験に乏しい」という意味の日本語の「生」では、「生半可」あるいは「生兵法」superficial knowledge、「生かじり」half knowledgeがあります。一方、rawの点からは、raw paint「塗りたてのペンキ」、raw beginner「未熟な初心者」があります。
　最後に、「(3)対応しない場合」の他の例として、「生暖かい」uncomfortably warm、「生体」living body、「生易しい」easyがあります。rawに関しては、raw wind「冷え冷えする風」、raw courage「粗野な荒々しい勇気」があります。

| 確かめ問題の答え | raw, Japanese

「具体的な」の英語とコロケーション

....

concrete, specific

今回は、「具体的な」を表す形容詞concreteとspecificについて、コロケーションの点から考えてみます。

問 題

concreteまたはspecificを使って、空欄を埋めましょう。
（答えは1つとは限りません）

Q1: 一般的な問題を議論するために、具体的な例を考えてみましょう。
Let us use a (　　) example to discuss the general problem.

Q2: もっと具体的に言えば、対象とする観客は女性なんです。
To be more (　　), the target audience is female.

Q3: その供述調書には、具体的な場所は明記されていなかった。
The (　　) place was not written in the witness report.

Q4: 彼は、抽象名詞よりも具象名詞をうまくつづることができた。
He could spell (　　) nouns better than abstract nouns.

正解と解説 **使い方にどんな違いがあるか、見てみましょう。**

Q1 は **concrete** も **specific** も可能です。他にもconcrete［specific］evidence「具体的な証拠」、concrete［specific］proposals「具体的な提案」、in concrete［specific］terms「具体的に言えば」などがあります。 **Q2** の場合は一般的には **specific** です。concreteでもネイティブ・スピーカーは理解できますが、彼らは使いません。興味深いことに、比較級のmore concreteというコロケーションはよく使われ、in more concrete termsのように名詞を修飾することはあるのですが、「to＋be動詞」と一緒に使われるto be (more) concreteは、to be (more) specificに比べると、使われることはまれです。

Q3 は **specific** が正解で、concreteは使われません。「場所」に関する名詞とconcreteは仲良しではありません。 **Q4** は固定の表現で、**concrete** が正解です。これは単語（内容語）を2つ結びつけて1つの文法用語を作っており、この場合concreteを他の単語で置き換えることはできません。

「具体的」というのは、「一般的」や「抽象的」とは対照的で、固有の、あるいは特殊な形

態や性質を持つことを意味します。そのため、「特有の、独特の」という意味を持つspecific のほうが、日本語の「具体的な」に近い意味となります。例えば、timetable「時刻表、予定表」とのコロケーションに関しては、timetable そのものは具体的なものですが、ここではさらに特定化したtimetable のことなので、specific timetable「具体的な時刻表[予定表]」とは言えますが、concreteは一般的には使いません。

空欄を埋めましょう。
「お望みであれば、予約時に具体的な座席の位置を希望することができます」
You can request a (　　　　) seat when booking if you would like.

Ｎｏｔｅ

「具体的な」という表現が日本語の文にあった場合、必ずしもconcrete やspecificを使わなくとも、他の英単語で表現できる場合があります。次のような文です。
1. 私たちは、その会議では具体的な（はっきりした）ことは何も決められなかった。
   We could decide nothing definite at the meeting.
2. 私はその事件の具体的な（明確な）イメージを持つことができない。
   I cannot have a clear picture of the matter.
3. 具体的な（実際の）例を挙げて説明してください。
   Please explain by giving actual examples.
4. 彼の講義はいつも内容が具体的（実際的）でわかりやすい。
   His lectures are always full of practical examples and easy to understand.

これらの例では、concreteやspecificで置き換えることができます。

次の例は、形容詞ではなく副詞の場合です。
5. 具体的（正確）にはどのようなお仕事をされていますか？
   What kind of works do you do, exactly?

このexactlyは、concretelyやspecificallyで置き換え可能です。

日本語の「具体的な」を英語で表すときは、機械的にconcrete かspecificかを選択するのではなく、その内容や文脈を考慮に入れて、適切な語を選ぶことが大事です。

| 確かめ問題の答え | specific

「早い、速い」の英語とコロケーション

··

early, fast, quick, soon

今回は、「早い、速い」を表す表現について考えてみましょう。「早い」はearly、「速い」はfastと覚えている人が多いと思いますが、「はやい」を表す英語は他にもあります。

問　題

適切な単語で空欄を埋めましょう。（答えは1つとは限りません）

Q1： 列車は一昔前に比べて、はるかに速くなった。
Trains have become much (　　　) than in past generations.

Q2： 私は朝早い列車で学校に通っています。
I go to school on the (　　　) train.

Q3： 早速のお返事、ありがとうございます。
Thank you for your (　　　) reply.

Q4： 早い話が、我々は彼を信用できないということです。
In (　　　), we can't trust him.

正解と解説　**使い方にどんな違いがあるか、見てみましょう。**

「はやい」は、大きく次のような4つの意味に分類できます。(1)速度、(2)時間、(3)動作、反応、そして(4)比喩的な意味です。

Q1 は「速度」に関してなのでfastですが、比較級を表すthanが直後に来ているので、**faster** が正解です。 **Q2** は「時間」に関してなので **early** が正解です。 **Q3** は、「動作や反応」に関してなので、**quick** が正解です。他にimmediateやpromptも可能です。電子メールではよく使う表現なので、覚えておきましょう。ちなみに、「返信が遅くなってすみません」は、例えばsoonerを使ってI'm sorry I didn't reply to your mail sooner.とすることができます。 **Q4** の「早い話」は、長い話の要点をまとめて短くすることなので、具体的な速度や時間的な早さではなく、「比喩的な表現」です。よって、この意味で前置詞inと一緒に使われるのは **short** と **brief**（どちらも名詞）です。

他の「はやい」のコロケーションを見てみましょう。「速度」に関してはrapid river「流れが速い川」、「時間」に関してはspeedy recovery「早い回復」があります。The sooner, the better.「早ければ早いほどいい」のように、soonも「早い」を表す場合によく使われますが、earlyとの違いを知っておくことが大事です。例えば、Get well soon.「早くよくなってください」では、soonをearlyで置き換えることはできません。soonは「今の時点、あるいはある時点からすぐ後」の意味です。一方、He gets up early and goes to bed early.「彼は早寝早起きです」では、earlyをsoonで置き換えることはできません。He was born early on the morning of November 7.「彼は11月7日の朝早く生まれました」のように、earlyは「ある時間帯の始め」を意味します。

　今回見てきたように、fast trainとearly trainは、コロケーションとしてはどちらも問題ないのですが、状況や場面によって正しいコロケーションは異なります。

確かめ問題

空欄を埋めましょう。
「私は早朝の列車に間に合うよう、できるだけ速く歩いた」
I walked as (　　　) as possible to catch the (　　　) train.

 N o t e

　動作や反応に関して「速い」を意味するquickは、理解や習得などの能力が速い場合にも使うことができます。
　1. She is quick at figures.「彼女は計算が速い」
　2. She is quick to understand.「彼女は理解が速い」
　3. She is quick about her work. / She is a quick worker.「彼女は仕事が速い」
　4. She is quick with words.「彼女はすぐに言葉を覚える」
　5. She's a quick learner.「彼女は飲み込みが早い」
　6. She is a quick wit.「彼女は機転が利く(理解が早い)」
　7. She was a quick study.「彼女は台詞の覚えが早かった」

好ましくない怒りの感情や、早くてぞんざいな場合においても使われます。
　8. He is quick of temper. / He has a quick temper.「彼は怒りっぽい(短気だ)」
　9. It's a quick-and-dirty job.「それはいい加減で、ずさんな仕事だ」

会話における決まり文句として次のものがあります。
　10. Have you finished already? That was quick.「もうできたの? すごく早いね」

quickのようなさまざまな使い方ができる語は、多くの用例を通して習得していきましょう。

| 確かめ問題の答え | fast, early

「少し」の英語とコロケーション

....

a few, few, a little, little, some

今回は、「少し」を表す表現について考えてみましょう。「少し」を表す英語表現として、a few、few、a little、little、someなどがありますが、それぞれの違いは何でしょうか。

問 題

a few、few、a little、little、someを使って、空欄を埋めましょう。
（答えは1つとは限りません）

Q1： 私の兄は、英語の本を少し持っています。
　　　My brother has (　　　) English books.

Q2： もう少しコーヒーをいかがですか。
　　　Would you like (　　　) more coffee?

Q3： 時間は少ししか残っていない。
　　　There is very (　　　) time left.

Q4： 最近、日本ではウィリアム・サッカレー（英国の小説家）を読む人は少ししかいない。
　　　(　　　) people read William Thackeray in Japan nowadays.

正解と解説 　**使い方にどんな違いがあるか、見てみましょう。**

「少し」を英語にするときは、まず、後続の名詞が「本」「人」などの数えることができるものなのか、「液体」「感情」などの数えることができない量なのかを考える必要があります。次に、肯定的な意味か否定的な意味か、つまり「少しある」のか「少ししかない」のかを考えます。

Q1 のbookは1冊、2冊と数えることができ、かつ「少し持っている」と肯定的な表現なので**a few**が正解です。

Q2 のcoffee自体は数えられるものではなく、また、否定的に言っているのではなく、お代わりを聞いているので**a little**が正解です。ちなみにQ1とQ2に関しては、数と量のどちらにも使うことができる**some**も正解です。someは「いくつか」という意味の他に、「ちょっ

と、少し」の意味もあることを頭に入れておきましょう。

Q3 のtime「(空間に対しての)時間」は数えられず、さらに「少ししか残っていない」と否定的なので、不定冠詞aのない **little** が正解です。ちなみに、a littleをonlyで修飾して「ほんの少しある」と解釈すればvery littleの代わりにonly a littleとすることも可能です。

Q4 のpeopleは数えられて、かつ否定的な捉え方しているので **few** が正解です。

ここまで読んでお分かりかと思いますが、a fewとfewの関係はa littleとlittle との関係と同じです。

■ **不定冠詞がないfewとlittle** ➡ 通常は否定的な意味
■ **a fewとa little** ➡ 肯定的な意味

肯定的に言うか否定的に言うかは話し手の判断であって、絶対的な数や量とは関係ありません。つまり、fewやlittleには、「期待するほど多くはない」という話し手の思いや考えがあります。この否定的な気持を強調して、very fewやvery little「ほとんど(い)ない」と言うこともできます。また、a fewに関しては、quite a few、a good few、not a fewで「かなりの数の」という意味になります。quiteやnotと一緒に使うときは、不定冠詞はquite、notの直後に来ることに気をつけましょう。

>
> **空欄を埋めましょう。**
> 「大雨のせいで、コンサートに来た人はほんのわずかだった」
> Due to heavy rain, very (　　　) people came to the concert.

🗏 N o t e

> ここで扱った「少し」の用例は、いずれも名詞を修飾する場合でした。このように、a few、few、a little、littleは名詞の前で用いる限定用法で使います。したがって、be動詞の後で用いる叙述用法では用いません。例えば、× My brother's English books are a few. や × The time left is very little.とすることはできません。
>
> ちなみに、次の例のように、修飾している名詞が文脈から意味がはっきりしている場合は、その名詞が省略されることがあります。

1. "How many were there?" "Just a few."
   「何人ぐらいいた ?」「ほんの少し」
2. "Some more tea?" "Just a little, please."
   「もう少し紅茶はいかがですか?」「では、少しください」

1の例はJust a few peopleで×People are just a few.ではなく、また2の例では、just a little teaの意味であり、×tea is just a littleではありません。

a littleは、名詞だけでなく形容詞を修飾する場合があります。
3. He is a little overweight.
   「彼は少し太り気味です」
4. The station is a little far from here.
   「その駅はここから少し遠い」

この3の例では、overweightの代わりにfatを使うことは文法的には可能ですが、他人について言及するときは、fatではなくoverweightを使うほうが婉曲的で好ましい言い方になります。この場合、×a little overweight manのようにa little overweightが名詞manを修飾するような限定用法としてのa littleの使い方はできません。

| 確かめ問題の答え | few

「強い」の英語とコロケーション

strong, powerful

今回は「強い」を表すstrongとpowerfulについて考えてみましょう。どちらも同じような意味で使われますが、コロケーションの視点から考えてみると違いが見えてきます。

問　題

strongまたは powerfulを使って空欄を埋めましょう。
（答えは1つとは限りません）

Q1： 彼は身体が大きくて強い男だ。
　　　　He is a large, (　　　) man.
Q2： インターネットは私たちの生活に強い影響を与えています。
　　　　The Internet has a (　　　) influence on our lives.
Q3： 今朝はとても強い風が吹いています。
　　　　A very (　　　) wind is blowing this morning.
Q4： これは小型にしては非常に強力なモーターです。
　　　　This is a very (　　　) motor for its small size.

正解と解説　使い方にどんな違いがあるか、見てみましょう。

　Q1 の「強い」は、「肉体的・体力的にたくましく強い」ことを意味しています。この場合、**strong** と **powerful** のどちらも使うことができます。 **Q2** の場合は、Q1とは違い抽象的な意味ですが、Q1と同じように **strong** も **powerful** も使うことができます。このように、多少のニュアンスの違いはありますが、この2つの類義語は、多くの場合、同じように使うことができます。他にもa strong［powerful］smell「強いにおい」、powerful［strong］speech「力強い演説」などがあります。 **Q3** は **strong** が正解です。風の強さに関しては一般的にstrongを使いますが、アメリカ英語ではpowerful wind も使われ始めています。powerfulが使えない例としては、次のようなものがあります：strong Japanese accent「強い日本語なまり」のようにaccent「（ある地方や階級に特有の）発音、なまり」や、strong［weak］coffee「濃い［薄い］コーヒー」のようにcoffeeやteaなどの飲み物と一緒に使う場合など。 **Q4** は **powerful** が正解です。機械や武器などの威力や性能のよさに関する場合はstrongを使うことはできません。他の例としては、powerful computer「高

性能のコンピュータ」、powerful telescope「強力な[高倍率の]望遠鏡」、powerful engine「強力なエンジン」などがあります。

　この2つの類義語を比較すると、strongのほうがより多くの語と一緒に使われるので、strongのほうがより広いコロケーションを持っていると言えます。また、同じコロケーションでも微妙に意味の違いが見えることがあります。例えば、先ほどのengineで考えると、strong engineはエンジンの性能ではなく、その作りが「頑丈なエンジン」のことになります。また、strong words「強い[強烈な]言葉」は、相手を傷つけたり非難したりする言葉ですが、powerful words「力強い言葉」は人を勇気づけたり励ましたりする言葉を意味します。
　strongもpowerfulも「強い」という言葉ですが、strongと比べてpowerfulのほうが「影響力の強い、人を動かす力のある」という意味で使われることが多いようです。

> **確かめ問題**
> 空欄を埋めましょう。
> 「彼はその法案に対して力強い反対論を唱えた」
> He provided a (　　　) argument against the bill.

📖 **Ｎｏｔｅ**

　Q1の「強い」は「肉体的・体力的にたくましく強い」ことを意味し、strongもpowerfulもどちらも正解でした。では、この場合の違いは何でしょうか。strongは最も普通に使われる語ですが、strongに比べて、powerfulは書き言葉で用いられる傾向があります。また、powerfulは英英辞典ではvery strongと定義されることから分かるように、strongよりももっと力強いことを意味します。したがって、strongとpowerfulが並置されるときは、次の例文のようにstrong and powerfulの語順になります。
　・His body was surprisingly strong and powerful.
　「彼の肉体は驚くほど強くて強靱だった」

　興味深いことに、「形容詞＋and strong」のパタンを調べると、big and strong、tall and strong、young and strongのように身体の特徴を表す形容詞と一緒に用いられる例が多く見られます。一方、「形容詞＋and powerful」のパタンでは、important and powerful「大物で権力がある」、influential and powerful「影響力があり、権力がある」、rich and powerful「金持ちで権力がある」、wealthy and powerful「裕福で権力がある」のように、社会や組織の中での影響力を表す形容詞と一緒に用いられる傾向があります。

| 確かめ問題の答え | powerful または strong

「子どものような」の英語とコロケーション

childlike, childish

「子どものような」を表す形容詞childlikeとchildishには、使い方に違いはあるのでしょうか。コロケーションの点から考えてみましょう。

問　題

childlikeまたはchildishを使って、空欄を埋めましょう。
（答えは1つとは限りません）

Q1：彼女は子どものように無邪気というよりも、むしろ幼稚です。
She is (　　　) rather than (　　　).

Q2：いくつになっても変わらない彼のよいところは、子どものような無邪気さです。
His most enduring quality is his (　　　) innocence.

Q3：雪を見たときの彼女の子どものような興奮は、印象的でした。
Her (　　　) excitement at the snow left a strong impression.

Q4：退屈しのぎに、子どもっぽい遊びでもしようよ。
Let's play just a (　　　) game to relieve the boredom.

正解と解説　使い方にどんな違いがあるか、見てみましょう。

　childlikeとchildishの一般的な違いは、childlikeは好ましい意味で使われ、childishは好ましくない意味で使われるという点です。したがって、childlikeは「子どもらしい、（子どものように）純真な、無邪気な、率直な」という訳語が使われ、一方childishは「子どもっぽい、子どもじみた、大人げない、幼稚な」と訳されます。これを踏まえ、問題を見ていきましょう。

　Q1 では、好ましい意味での「無邪気さ」と好ましくない意味での「幼稚さ」が対比されています。よって、最初の空欄は **childish**、後の空欄は **childlike** が正解です。この例文はchildlikeとchildishの違いをよく表しているので、覚えておくとよいでしょう。

　Q2 は、好ましい意味である「無邪気」を表すinnocenceとのコロケーションですので、

137

childlike が正解です。

Q3 のexcitement「興奮」には、好ましいか、好ましくないかの意味のニュアンスが明確ではないので、**childlike** と **childish** の両方とも正解です。しかし、そのニュアンスは異なります。childlikeの場合は、大人の女性が一瞬我を忘れて子どもの気持ちに戻った魅力的な印象を与えますが、childishの場合は大人げない印象を与えます。同様の例として、There were names written on the wall in childlike[childish] handwriting.「壁に、子どものような筆跡で名前が書いてあった」の場合も、「子どものような筆跡」についての好悪がはっきりしないので、childlikeとchildishの両方とも使うことができますが、そのニュアンスは異なります。つまり、childlikeはかわいらしい字体で書かれていることが想像できますが、childishでは子どもっぽい、拙い字体の印象を与えます。

Q4 は「子どもっぽい遊び」ですので、**childish** が正解です。また、childish mischief「子どもっぽいいたずら」やchildish defiance「子どもっぽい反抗心」のように、好ましくない意味を表す名詞を修飾する場合は、childishが使われます。

空欄を埋めましょう。
「そんな子どものようなまねはやめなさい」
Don't be so (　　　　).

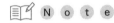

「名詞＋ish」や「名詞＋like」には、他にどのような語があるでしょうか。まず、「名詞＋ish」の例を見てみましょう。

1. The game is a little babyish for nine-year-olds.
   「そのゲームは、9歳の子には少し赤ん坊じみている」
2. His boyish charm and natural sense of fun made him a popular screen idol.
   「彼の少年のような魅力と自然なジョークによって、彼は人気俳優となった」
3. We listened to her almost girlish voice.
   「私たちは、彼女のほとんど少女のような声に聞き入った」

1のbabyish は好ましくない意味で用いられていますが、2と3のboyishとgirlishは、多くの用例で好ましい意味で用いられます。

4. He looked at me with a wolfish grin.
   「彼は狼のような残忍な笑いをして私を見つめた」

5. She is not a bookish person.
   「彼女は学究肌の堅苦しい人物ではありません」

次に「名詞＋like」の例を見てみましょう。
6. She always behaves in a ladylike manner.
   「彼女はいつも淑女らしくしとやかにふるまう」
7. He showed a doglike devotion to his master.
   「彼は犬のような忠誠ぶりを主人に示した」
8. The tree has a manlike shape.
   「その木は人の形をしている」
9. She did her work in a businesslike way.
   「彼女は仕事をてきぱきとやった」
10. He's businesslike about everything.
    「彼はすべてにおいて事務的です」

10の例文では、businesslikeをよい意味で解釈すると「てきぱきと仕事が早い」ですが、よくない意味だと「人の感情を考慮に入れない」となります。一般的には、「名詞＋ish」は好ましくない意味を持つ語で、「名詞＋like」は好ましい意味を持つ語ですが、文脈によっては必ずしもそのとおりではないこともあります。

| 確かめ問題の答え | childish

「きれいな」の英語とコロケーション

....

clean, clear

今回は「きれいな」を表す形容詞、cleanとclearの使い方について学びましょう。cleanとclearの意味に違いはあるのか、コロケーションの点から考えてみます。

問 題

cleanまたはclearを使って、空欄を埋めましょう。
（答えは1つとは限りません）

Q1： きれいな部屋は気持ちがよい。
A （　　　） room is comfortable.

Q2： 彼女のきれいな声がコンサートホール中に響き渡った。
Her （　　　） voice echoed through the concert hall.

Q3： 太陽が、きれいな青い空に輝いている。
The sun is radiant in a （　　　） blue sky.

Q4： この水はきれいですが、飲むことができるかどうかわかりません。
The water is （　　　）, but I don't know whether you can drink it.

正解と解説 使い方にどんな違いがあるか、見てみましょう

cleanの基本的な意味は「汚れがなく清潔な」、clearは「障害物がなく澄んだ」です。

Q1 の「きれいな部屋」は、汚れていなくて整頓されている部屋という意味なので、**clean**が正解。ここではclearは使えません。同様に、clean clothes「きれいな服」、clean hands「きれいな手」のような場合でもclearを使うことはできません。ちなみに「筆跡」という意味のhandであれば、clear handで「はっきりとした字、読みやすい字」を表します。

Q2 の「きれいな声」は、音がさえぎられることなく、澄んですっきりしているという意味なので、**clear**が正解です。ここではcleanを使うことはできません。

Q3 の「きれいな青い空」は、日や光をさえぎる雲がなく、明るく澄んでいる空という意味

なので、**clear** が正解です。Q2と同様、ここではcleanは使えません。

　　Q4 は、**clear** と **clean** が正解です。ただ、そのニュアンスは微妙に異なります。clean waterの場合は、「不純物が入っていない水」を意味しますが、clear waterの場合は、「透明で澄んでいる水」を意味します。また、I felt refreshed breathing the clear [clean] air outdoors.「野外のきれいな空気を吸って新鮮な気持ちになった」のようにairと一緒に使われる場合も、clean airは「汚染されていない空気」ですが、clear airは「透明で澄んでいる空気」というニュアンスの違いがあります。

　　日本語では、cleanもclearも「きれいな」と訳せるため、同じように使うことができるように見えますが、英語では類義語として使われることはあまりありません。ちなみに、cleanとclearの反意語をそれぞれ1つ選ぶとすれば、cleanの反意語はdirty「汚れた」で、clearの反意語はopaque「不透明な」が挙げられます。このように、反意語で類義語の違いを理解することも有効な語彙学習法です。

確かめ
問題

空欄を埋めましょう。
「彼女はきれいで明るい目をしている」
She has (　　　　), bright eyes.

📖 N o t e

　　日本語の「きれい」は、さまざまな意味で使われるので多義的な語と言うことができます。どのように多義的であるか、ここでは8つに分けて考えてみましょう。

◆　視覚的に美しくはなやかなさま。
　　1.　It's a really pretty flower.
　　　　「それは本当にきれいな花ですね」
　　2.　She looks really beautiful this evening.
　　　　「今夜の彼女はとてもきれいです」
◆　聴覚的に心地よい音について。
　　3.　She has a clear, sweet voice.
　　　　「彼女の声はきれいで心地よい」
◆　清潔で汚れのないさま。
　　4.　He washed and put on some clean clothes.
　　　　「彼は体を洗ってきれいな服を着た」

◆ 澄んで透明なさま。

   5. She breathed the clear mountain air.
     「彼は山のきれいな空気を吸った」

◆ 乱れがなく整然としているさま。

   6. His table is always neat.
     「彼の机はいつもきれいに片付いています」

   7. He has regular teeth.
     「彼の歯並びはきれいです」

◆ まちがいのないきちんとしたさま。

   8. She speaks excellent English.
     「彼女はきれいな英語を話す」

◆ 心が純真であるさま。

   9. She is pure in heart.
     「彼女は心のきれいな人です」

◆ 公明正大なさま。

   10. Let's conduct a fair[clean] election.
      「きれいな選挙を行いましょう」

多義的な単語は、用例で学習するようにしましょう。

| 確かめ問題の答え | clear

「狭い」の英語とコロケーション

narrow, small

smallを辞書で調べると、「小さい」の他に「狭い」という意味もあることが分かります。今回は「狭い」を表す形容詞narrowとsmallについて、コロケーションの点から考えてみましょう。

問　題

narrowまたはsmallを使って、空欄を埋めましょう。

Q1 ： 私は、みすぼらしい家が建ち並ぶ狭い通りに沿って歩いた。
I walked along a (　　) street of shabby houses.

Q2 ： この部屋は、会議をするには狭すぎる。
This room is too (　　) for the meeting.

Q3 ： 彼は、若い頃はやせていて肩幅が狭く、細い目をしていた。
He was thin with (　　) shoulders and narrow eyes when
he was young.

Q4 ： 彼は、考え方や見解が狭い。
He is (　　) in his thinking and outlook.

正解と解説　**使い方にどんな違いがあるか、見てみましょう。**

　日本語の「狭い」の意味には、「幅が狭い」と「面積が狭い」とがありますが、英語では「幅が狭い」はnarrow、「面積が狭い」はsmallを使います。

　Q1 の「狭い通り」とは「幅が狭い通り」のことですので、**narrow** が正解です。同様のコロケーションとして、a narrow road「狭い道」、a narrow lane「狭い小道」、a narrow strip of land「狭くて細長い土地」などがあります。

　Q2 の「部屋が狭い」は、一般的に「部屋の面積が狭い」、つまり「部屋が小さい」という意味ですので、**small** が正解です。しかし、「幅が狭くて細長い部屋」という意味であれば、smallではなく **narrow** が正解となります。また、「狭いベッド」の場合も「細長く狭いベッド」であればa narrow bedですが、単に「小さいベッド」であればa small bedです。ただ、「狭い町」や「狭い国」は、一般的には「面積の狭い町」や「面積の狭い国」を意味するので、narrowではなく、a small townやa small countryと言います。

Q3 は肩の幅ですので、**narrow** が正解。身体の部位に関しては、narrow face「面長の顔、細く長い顔」とsmall face「小さい顔」、narrow eyes「細長い目、切れ目」と small eyes「小さな目」のように、narrowとsmallとのコロケーションに違いがあるものが多いですが、narrow waistとsmall waistの場合は、どちらも「細いウエスト」を意味します。

また、narrowは人の考え方や心に関しての「狭さ」にも使えます。よって、Q4 の正解は **narrow** が一般的。ただし、narrow view「狭いものの見方」は、smallを使ってsmall viewと言うこともできます。ちなみに、narrow-minded「了見の狭い、偏見のある」の場合は、small-mindedとすると、意味が「けちな、狭量な」となり、ニュアンスが少し異なります。

narrowとsmallはどちらも「狭い」という意味ですが、「何が」によって異なった意味を表すことが多くあります。したがって、narrowとsmallは、基本的には異なった意味を表す単語であると理解しておくほうがいいでしょう。

確かめ問題 **空欄を埋めましょう。**
「ボッパルトは狭い通りがある、狭くて古い魅力的な町です」
Boppard is a (　　　　), attractive, old town with (　　　　) streets.

 N o t e

「狭い」を意味するsmallとnarrowに関してよく見られるコロケーションを見ていきましょう。

まず、smallの場合です。
1. "What a surprise to see you here." "Yea, it's a small world."
   「ここで君に会うなんて驚いたよ」「そうだね。世間は狭いね」
small worldは、このように予期しない人と偶然に出会ったときなどに使います。
2. His comments made me feel small.
   「彼のコメントに私は肩身が狭い思いをした」
3. He has a small circle of friends.
   「彼は交友関係が狭い」
3の例文ではnarrowも使うことができます。

次にnarrowの場合を見ていきます。次の例は、「narrow and 形容詞」や「形容詞 and narrow」のパタンでよく用いられるコロケーションです。

4. The path was narrow and winding.
   「その小道は狭くて曲がりくねっていた」
5. The bridge is long and narrow.
   「その橋は細長い（長くて狭い）」
6. Wild beasts prefer the straight and narrow path.
   「野獣はまっすぐな狭い道を好む」

　このthe straight and narrowのコロケーションは、聖書に由来して、次のように「正しい生活、まじめな暮らし」という意味にもなります。

7. They lived on the straight and narrow ever after.
   「その後、彼らはまっとうに生きた」

│ 確かめ問題の答え │ small, narrow

「広い」の英語とコロケーション

....

wide, broad, large

前回の「狭い」に続き、今回は「広い」を表す形容詞を考えます。「広い」を表す英語には、wide、broad、largeがありますが、違いはあるのでしょうか。コロケーションの点から考えてみましょう。

問 題

wide、broad、largeを使って、空欄を埋めましょう。
（答えは1つとは限りません）

Q1 ： 彼は、広い一部屋とそれより狭い二部屋をひとりで占領しています。
He has one (　　　) room and two smaller ones all to himself.

Q2 ： 彼は背が高く、肩幅が広く胸板が厚かった。
He was tall, with (　　　) shoulders and a deep chest.

Q3 ： 若者よ、この大きな広い世界に飛び出せ。
Out into the big (　　　) world, boys and girls!

Q4 ： 広い意味に解釈すれば、君の定義は間違ってはいない。
Your definition is not wrong in a (　　　) sense.

正解と解説 **使い方にどんな違いがあるか、見てみましょう。**

　日本語の「広い」は、前回学んだ「狭い」と同じように、「幅が広い」と「面積が広い」の2つの意味を持っています。しかし、英語では、「幅が広い」はwideとbroad、「面積が広い」はlargeを用います。

　Q1 は部屋の「面積の広さ」ですので、**large** が正解です。a wide roomの場合は、間口や部屋の横幅が広い部屋を意味します。×a broad roomとは言いません。**Q2** の肩幅の広さは **wide** と **broad** が正解で、largeは使えません。**Q3** は、「広い世界」という表現だけを見るとwide worldもlarge worldも可能ですが、bigを伴った場合は、慣用的なコロケーションとなり、largeを用いることはできません。したがって、**wide** が正解。ちなみに、a worldwide slump「世界的な不況」のworldwideは一語なので、wideをlargeやbroadで置き換えることはできません。

Q4 の「広い意味」は比喩的な使い方です。ここでは broad が一般的ですが、wide も間違いではありません。ちなみに、「大局的・総合的な意味」で「広い意味」と言う場合は、a large sense も使えます。興味深いことに、「広い意味」を表す英語では、「幅の広さ」を表す wide や broad だけでなく、「面積の広さ」を表す large も使うことができますが、「狭い意味」の場合は、英語では in a narrow sense と「幅の狭さ」で表し、「面積の狭さ」を表す small を使うことはできません。

wide と broad は多くの場合で交換可能ですが、wide は「2点の幅の距離が大きいこと」、broad は「幅や範囲、面が広いこと」に重点を置くため、次のようなコロケーションでは一般的には交換できません。

■ **wide 〜**：wide trousers「幅広の[だぶだぶの]ズボン」、a wide mouth「幅の広い、大きな口」、a wide-mouthed bottle「口の広いびん」、with wide eyes「目を大きく開いて」など。
■ **broad 〜**：broad-leaved trees「広葉樹」、in broad terms「大ざっぱに言うと」、in broad outline「大まかに言えば」など。

確かめ
問題
　空欄を埋めましょう。
「彼は、広い窓がたくさんある、広い家に住んでいる」
He lives in a (　　　　) house with many (　　　　) windows.

📖 N o t e

　「広い」を意味する wide、broad、large に関して、よく見られるコロケーションを見ていきましょう。

　まず、wide の場合です。
　1. She traveled far and wide.「彼女は広く至る所を旅した」
　2. Her interests are wide and varied.「彼女の関心は広くて多様である」
　3. The gap is getting wider and wider.「その溝はますます広がっている」

　次に broad の場合を見ていきましょう。
　4. The university has long been famous for its broad and balanced curriculum.
　　「その大学は、広くバランスの取れたカリキュラムで昔から有名でした」

5. Tim is taller and broader.
「ティムは以前より背が高く肩幅が広くなった」

largeの場合は、「広い」と「大きい」の意味の区別が難しいのですが、コロケーションとしては、large and small「大小の」やsmall and large「小大の」が多く見られます。また、larger and larger「ますます拡大して」も多くの用例があります。

broadやlargeと比べてwideにおいて特徴的なのは、「広く全体に及ぶ」という意味の複合語を作る点です。

6. The citywide festival lasted all night.
「市を挙げてのお祭りは朝まで続いた」
7. The incident aroused nationwide interest.
「その事件は全国的な関心を呼び起こした」

wideを用いた複合語には、a storewide sale「全店挙げての売りだし」、a country-wide problem「全国的な問題」、industry-wide profits「産業全体の利益」などがあります。

| 確かめ問題の答え | large、wide または large

「最初の」の英語とコロケーション

first, initial

今回は「最初の」を表す形容詞 first、initial を取り上げます。それぞれの使い方に違いはあるでしょうか。コロケーションの点から考えてみましょう。

問　題

first または initial を使って、空欄を埋めましょう。
（答えは1つとは限りません）

Q1：それでは、口頭試験を始めましょう。最初は誰ですか。
Well, let's begin the oral examinations. Who is (　　　)?

Q2：ロンドンに来たのはこれが最初です。
This is the (　　　) time I've been to London.

Q3：そのプロジェクトの最初の段階では、問題はなかった。
There were no problems at the (　　　) stage of the project.

Q4：我々は、ロケットの初速（最初の速度）を決定しなければならない。
We must determine the (　　　) velocity of a rocket.

正解と解説　使い方にどんな違いがあるか、見てみましょう。

　形容詞には構文上の特徴として2つのタイプがあります。1つは「限定用法」で、the red rose のように、形容詞 red が名詞 rose の前に来て修飾する場合です。もう1つは「叙述用法」で、The rose is red. のように、形容詞 red が be 動詞の後に来て名詞 rose を叙述し、補語となる場合です。今回扱っている「最初の」を意味する形容詞 initial は、限定用法でしか使うことができません。また、first と initial は「（順序が）最初の」という意味ですが、initial は「初期の」という意味も含みます。それを踏まえて、問題を見ていきましょう。

　Q1 のような叙述用法の文では、**first** が正解です。また、Q1は Who is the first person[student]? のように、「first＋人」で言い換えることができますが、initial の場合は「人」を表す名詞を修飾することはできません。

　Q2 の「最初の」は、初めての経験を表す意味での time とのコロケーションの問題です。

正解は **first** で、initialを使うことはできません。また、Q2はThis is my first visit to London.と言い換えることもできます。

Q3 の「段階」を表すstageとのコロケーションでは、**first** も **initial** も使うことができます。stageの代わりにstep、periodを使う場合も、両方使うことができます。他にfirstとinitialが交換可能な名詞には、assessment「査定」、goal、interview、plan、shockなどがありますが、initialはfirstに比べ改まった印象を与えます。

Q4 のvelocityはspeed「速さ」の意味ですが、speedより学術的あるいは専門的な用語です。first velocityでも意味は通じますが、専門用語としては一般的には使われず、「初期の」速度となる **initial** が正解です。同様の例として、initial salary indicator「初任給標準額」、initial fee「入会金」、initial teacher training「初期教員教育」、initial budget「当初予算」、initial capital「当初の資本」、initial value「初期値」などがあります。これらの例は専門用語なので、initialの代わりにfirstを使うことはできません。

確かめ問題

空欄を埋めましょう。
「初期設定のメニューに初めてアクセスするときは、下記のパスワードを入力してください」
When accessing the (　　　) setting menu for the (　　　) time, please enter the password below.

N o t e

　形容詞initialがfirstと異なる点は、構文上の問題としてfirstは叙述用法でも限定用法でも使えますが、initialは限定用法でしか使えないことです。
1. I conducted this first interview.
　「私がこの最初のインタビューを行いました」
ここでthis first interviewをinitialで置き換えると、少し堅苦しい表現になりますが、this initial interview「初会見」とすることはできます。しかし、this interview was firstと叙述用法は可能ですが、×this interview was initialとすることはできません。

　使用する分野や領域にも違いがあります。initialは書き言葉において主に用いられ、firstに比べ、特定の語と一緒に使われる傾向があります。initialと一緒に使われる表現として、teacher trainingやteacher educationがあります。
2. Initial teacher training courses came to be filled.

「初期教員教育コースは定員に達した」
3. About 3,400 students were enrolled on initial teacher education courses.

「約3,400の学生が初期教職課程に登録した」

このような表現は大学の入学案内や便覧に見られます。

一方、firstは様々な名詞を修飾します。

4. Today is the first day of spring.
「今日は春の第1日目です（今日は立春です）」
5. Her first husband died when he was very young.
「彼女の最初の夫はたいへん若くして亡くなった」

例文4と5においてinitialを使うと、たいへん奇妙で不自然なコロケーションとなります。ちなみに、the last day of winter「冬の最後の日」とはthe first day of springの前日で、「節分」のことです。

| 確かめ問題の答え | initial, first

「最後の」の英語とコロケーション

last, final

前回の「最初の」に続き、今回は「最後の」を表す形容詞、lastとfinalを考えてみます。それぞれに違いはあるのか、コロケーションの点から考えてみましょう。

問題

lastまたはfinalを使って、空欄を埋めましょう。
（答えは1つとは限りません）

Q1：私は、かけっこではいつもびり（最後）でした。
I was always (　　　) in any running races.

Q2：彼女はその部屋に入った最後の人だった。
She was the (　　　) person to enter the room.

Q3：我々は最後の試合で完敗した。
We were totally defeated in the (　　　) match.

Q4：私たちは最終製品の品質を検査すべきです。
We should check the quality of the (　　　) product.

正解と解説 使い方にどんな違いがあるか、見てみましょう。

前回の「最初の」の回で、形容詞の構文上の特徴として、「限定用法」（例：the red rose）と「叙述用法」（例：The rose is red.）の2つのタイプがあることを学びました。今回も同様の問題があります。「最後の」の意味を表すlastとfinalにおいて、lastはどちらの用法でも使えますが、finalは限定用法でしか使うことができません。ただし、finalは、順番ではなく、「変更の余地がない、最終的・決定的な」という意味も持ち、その場合は叙述用法でも使います。例えば、The decision is final.「その決定は絶対だ」のように言うことができます。

Q1 の場合は叙述用法なので、正解は **last** です。**Q2** は限定用法ですね。personとのコロケーションでは、一般的には **last** を使いますが、**final** も正解です。しかし、He is the last person to do such a thing.のように、「そのようなことをする最後の人」、つまり「彼はそのようなことをする人ではない」という意味の場合、lastの代わりにfinalを使うこ

とはできません。

　Q3 の場合も、**last** も **final** も使うことができますが、その意味は少し異なります。last matchのlastは、「順番において最後の」を意味しますが、final matchのfinalは「一連の起こっている出来事の最後の」を意味するので、last matchは「最後の試合」で、final matchは「決勝戦」のことです。また、I missed the last train［bus］.「終電［最終バス］に乗り遅れた」をthe final train［bus］とすると、「その日の終電［最終バス］」ではなく、今後その列車やバスは廃止される、あるいはその路線が廃止されるなどのニュアンスになります。

　Q4 の「最終製品」とは、製品の中の最後のものではなく、「最終的に完結した完成品」を意味しているので、lastではなく **final** が正解です。lastでは置き換えられない他の例としては、final examination「期末試験、卒業試験」、final demand「（法的な意味での）最終請求」などがあります。last examinationとも言えますが、その場合は「最後に受けた試験、最近の試験」という意味になります。lastとfinalの違いは、前回のfirstとinitialよりも分かりにくいですが、まずは限定用法と叙述用法の違いをしっかりと理解しましょう。

確かめ問題

空欄を埋めましょう。
「そのチームは最後の4試合に勝利して、決勝戦に進出した」
The team won their (　　　) four games and reached the (　　　) match.

📖 Ｎ ｏ ｔ ｅ

　「last＋名詞」において頻度の高いコロケーションは、last year「昨年」、last night「昨夜」、last week「先週」、last month「先月」などの時間に関する名詞とのコロケーションです。この場合のlastは「最後の」という意味ではなく、「最も最近の、あるいは現在から見ていちばん近い」の意味です。このようにlastが時間を表す名詞を修飾する場合は、前置詞や冠詞なしで副詞句となります。
　　1.　He visited Edinburgh last year.「彼は昨年エディンバラを訪れました」

　時間に関する名詞だけでなく、次の例文のようにmeetingやelectionとも一緒に使われます。
　　2.　I haven't seen him since the last meeting.
　　　「私はこの前の会議以来彼には会っていません」

3. They got a majority at the last election.
　　「彼らは前回の選挙で過半数を占めた」

　一方、Q1やQ2のような「連続しているものの最後を表す」lastは、しばしば数詞を伴うことがあります。

4. He was last but one in the running race.
　　「彼はかけっこで最後から2番目だった」
このbutは、「しかし」という接続詞ではなく、「～を除いて」という意味の前置詞です。

5. The last two chapters were very impressive.
　　「最後の2章はきわめて印象的でした」

6. Please look at the forth last line on page ten.
　　「10ページの最後から4行目を見てください」

　例文6のthe forth last lineは、the forth line from the bottom「下から4行目」と言うこともできます。数詞の語順にも注意してください。

| 確かめ問題の答え | last, final

「静かな」の英語とコロケーション

....

quiet, silent

今回は「静かな」に関するコロケーションを考えてみましょう。「静かな」を表す形容詞にはquietやsilentなどがありますが、使い方に違いはあるのでしょうか。

問 題

quietまたはsilentを使って、空欄を埋めましょう。
（答えは1つとは限りません）

Q1： 彼女は、静かな優しい声でその子どもに話しかけた。
  She spoke to the child in a (　　　), gentle voice.

Q2： 私は、静かな田舎の生活に憧れています。
  I long for a (　　　) country life.

Q3： パーティーでの大騒ぎの後、その部屋は静かになった。
  The room fell (　　　) after the excitement of the party.

Q4： 彼は静かにして、何も言わないでいることができなかった。
  He failed to keep (　　　) and say nothing at all.

正解と解説 **使い方にどんな違いがあるか、見てみましょう。**

　「静かな」を表すquietは、「（音や声が）騒がしくない、穏やかな、音を立てない、邪魔にならない」を意味します。一方、silentは「音や声がまったくしない、無音・無言である」ことを意味します。この違いに気をつけて解答を考えてみましょう。

　Q1 の「静かな優しい声」は、まったく声がしない「無言」ではなく、「騒がしくない、穏やかな」という意味なので、**quiet** が正解です。同様に、quiet music「静かな音楽」、quiet sound「静かな音」、She talks in a quiet tone.「彼女は静かな声の調子で話す」も、「無言・無音」ではないので、quietをsilentで置き換えられません。

　Q2 の「静かな田舎の生活」も、無音や無言の生活ではなく、音や声がしても不快にはならない穏やかな生活のことなので、**quiet** が正解です。また、Let him have a quiet sleep. (Let him sleep quietly.)「彼を静かに寝かせておきなさい」も「穏やかに寝かせ

る」という意味なので、silentやsilentlyを使うことはできません。

Q3 は quiet と silent の両方とも正解です。動詞fallとのコロケーションでは、fall silentのほうがfall quietよりも相性はよく、動詞growとではgrow quiet「静かになる」のほうが相性はよいようです。また、動詞goを伴ってHe went quiet [silent].「彼は静かになった［黙り込んだ］」と言うこともできます。

Q4 の「静かにする」は、「音を立てない、しゃべらない」ことを言っているので、**quiet** も **silent** も正解です。ちなみに、「静かにしなさい」の最も一般的な言い方はBe quiet.です。Be silent. も使うことができますが、Be quiet.よりもきつい印象になります。

これまで見てきたように、「静かな」を表す意味としてはquietのほうがsilentよりも広く使われることが分かります。ちなみに、silentがquietと同じように使われる表現としては、次のものがあります：silent [quiet] night「静かな夜」、silent [quiet] house「静かな家」、silent [quiet] man「静かな男、口数の少ない男」、She smiled in her silent [quiet] way.「彼女は、彼女らしく静かに微笑んだ」。

> **確かめ問題** 空欄を埋めましょう。
> 「新しい電車は、以前の電車より速くて静かです」
> The new train is faster and (　　　) than the old one.

Note

silentが修飾する名詞の中には、quietで置き換えることができないコロケーションがあります。
1. You should listen to the silent majority.
「あなた方は物言わぬ大衆（一般大衆）の声に耳を傾けるべきだ」
2. We offered one-minute's silent prayer for the victims
「私たちは犠牲者のために1分間黙祷（沈黙の祈り）を捧げた」
3. He introduced Alice Guy's silent film to us.
「彼は私たちにアリス・ガイの無声映画を紹介した」

一方、quietに関しては、よく一緒に用いられる形容詞があります。最も用例が多いのはlittleとのコロケーションです。
4. She is a very quiet little girl.

「彼女はとてもおとなしい小さな女の子です」
5. It is a quiet little town with a fishing harbor.
「それは漁港のある静かな小さな町です」

次に多いのはniceとのコロケーションです。
6. I spent a nice quiet day at home.
「私は一日自宅で静かに楽しく過ごした」
7. I would like to go somewhere where it's nice and quiet.
「私はどこか静かないい場所に行きたい」

peacefulとのコロケーションも多く見られます。
8. It was very quiet and peaceful in the park.
「その公園の中は静かで穏やかだった」

| 確かめ問題の答え | quieter

「病気の」の英語とコロケーション

....

ill, sick

今回は「病気の」を表す英語のコロケーションを考えていきましょう。「病気の」にはillや sickなどがありますが、使い方に違いはあるのでしょうか。早速、問題を解いてみましょう。

問題

** illまたはsickを使って、空欄を埋めましょう。**（答えは1つとは限りません）

Q1： 私は、病気の子どもの世話をするために、一日中家にいました。
    I stayed at home all day to look after my (   ) child.

Q2： 私は、重病の母をひとりにして帰るわけにはいかなかった。
    I couldn't leave my seriously (   ) mother on her own.

Q3： 彼は、病気のために早期退職をしなければならなかった。
    He had to retire early because of (   ) health.

Q4： 彼女は、病気休暇を取って帰郷した。
    She went home on (   ) leave.

正解と解説 　使い方にどんな違いがあるか、見てみましょう。

　「病気の」を表すillとsickの違いとして、アメリカ英語ではsickが一般的で、イギリス英語ではillが一般的であると言われている点が挙げられます。例えば、「彼女はインフルエンザにかかっている」は、アメリカ英語では、She's been sick with influenza. となり、イギリス英語ではShe's been ill with influenza. となります。また、sickはイギリス英語では、通常、「病気の」よりも「吐き気がする、むかつく」という意味で使われます。

　Q1 の「病気の子ども」は **ill** も **sick** も正解ですが、sickのほうがよく使われます。illとsickのもう1つの違いとして、名詞の前に置かれる限定用法が挙げられます。「病人」は一般的にsick peopleと言います。最近ではill peopleとも言いますが、本来はpeople who are illのように、叙述用法で表さなければなりません。ところが、**Q2** の「重病の」、つまり「重い病気の」のように副詞seriouslyで修飾される場合は、限定用法としてillを使うことが多く、正解は **ill** となります。sickも可能ですが、副詞を伴う用例はillのほうが多く見られ、chronically [mentally/physically] ill patients「慢性的に［精神的に/身体

的に]病気の患者」などの表現があります。

「病気の」を表すillは、副詞を伴わないときは限定用法では使えないと説明しましたが、「悪い」や「好ましくない」の意味で使われるときは、限定用法で使うことができます。よって、**Q3** の「病気」は「健康状態(health)の悪い」という意味なので、**ill** が正解です。ここではsickを使うことはできません。

Q4 の「病気休暇」という熟語は、限定用法の **sick** で表します。限定用法においてsickしか使うことができない他の例として、次のものがあります：sick room「病室」、sick note「病気欠席届」、sick pay「疾病手当、病気欠勤中の手当」、sick bay「保健室」。

確かめ問題

空欄を埋めましょう。
「その病院は重病の人であふれていた」
The hospital was full of seriously (　　　) people.

Note

「sick and 〜」や「ill and 〜」のパタンでよく用いられるコロケーションがあります。「sick and 〜」のパタンから見ていきましょう。

1. I'm sick and tired of his bad jokes.
　　「私は彼のひどいジョークにはまったくうんざりしている」

ここでのsickは「病気の」という意味ではなく、「病気になって気分が悪くなるほどうんざりしている」という意味です。興味深いのは、She looks ill and tired.「彼女は病気で疲れているように見える」のように、ill and tiredの場合のillは、「病気の」を意味することです。

2. This will apply to chronically sick and disabled people over 55.
　　「これは、55歳を過ぎた慢性的な病に悩まされている障害者に適用されるであろう」

3. Florence Nightingale devoted herself to nursing the sick and wounded soldiers.「フローレンス・ナイチンゲールは、傷病兵の看護を献身的に行った」

次に「ill and 〜」のパタンを見ていきましょう。

4. He raised a question about society's treatment of mentally ill and handicapped people.
　　「彼は精神障害者に対する社会の扱いについて、問題提起をした」

5. He fell ill and died soon after.「彼は病気になり、まもなく亡くなった」

ここではillの代わりにsickも用いることはできますが、diedと一緒に使われる場合はillの例のほうが多く見られます。

| 確かめ問題の答え | ill または sick

「賢い」の英語とコロケーション

clever, intelligent, wise

「賢い」を表す英語にはclever、intelligent、wiseなどがありますね。それぞれの使い方に違いはあるのでしょうか。コロケーションの点から考えてみましょう。

問 題

clever、intelligent、wiseを使って、空欄を埋めましょう。
（答えは1つとは限りません）

Q1： あの赤ちゃんは賢そうに見えますね。
That baby looks (　　　).

Q2： うちの犬はとても賢い。
Our dog is so (　　　).

Q3： 彼は出版業界で10年間働き、年とともに賢くなっている。
He is older and (　　　) after ten years in the publishing business.

Q4： それは確かに賢い（賢明な）対策だと思います。
I think that is certainly a (　　　) precaution.

正解と解説 **使い方にどんな違いがあるか、見てみましょう。**

「賢い」を表す英語clever、intelligent、wiseの基本的な違いは、cleverとintelligentは「生まれつき学習能力や理解力が高い賢さ」を表し、wiseは「人が年齢や経験を重ねて正しい判断ができる賢さ」を表す点です。また、cleverとintelligentの異なる点としては、cleverは「頭の回転が速い」という意味から、大人に使う場合は「ずる賢い、抜け目ない」という好ましくない意味が含まれること、また、intelligentには「知能が高い」というニュアンスも含まれていることが挙げられます。さらに、wiseとcleverは、しばしば対比で使用されます。

Q1 は、年齢や経験をまだ重ねていない赤ちゃんの賢さなのでwiseは使えず、**clever** が正解です。intelligentは、babyに対しては奇妙なコロケーションとなりますが、intelligent child「賢い子ども」は、よく使われるコロケーションです。

Q2 は、動物の賢さを表す形容詞ですが、wiseは人が積み重ねる経験による賢さですので、動物にはあまり使いません。したがって、**clever** と **intelligent** が正解です。ただしowl「フクロウ」は、昔から賢い鳥と考えられてきたため、He is wise as an owl.「彼はフクロウのようにとても賢い」のような形で、wiseと一緒に使うことができます。

Q3 は、年齢や経験を重ねた結果としての賢さですので、ここでは比較級の **wiser** が正解です。older and wiserは「人生の経験を積んだ」という意味でよく使われる表現なので、覚えておきましょう。

Q4 の賢さは、さまざまな経験や知識に基づいていることが前提となっているので、正解は **wise** です。an intelligentとしても可能ですが、やや不自然です。wiseが最もふさわしい同様の例としては、他には、wise investment「賢い投資」やwise leadership「賢い指導力」などが挙げられます。

wiseを含むよく用いられるコロケーションとしては、例えば、wise use of one's money [leasure]「お金［余暇］の賢い使い方」のwise use ofや、Never forget the wise words of the philosopher Socrates, "You should know your own ignorance." 「「おのれの無知を知るべし」という哲学者ソクラテスの賢明な言葉を決して忘れるな」の wise wordsなどがあります。

空欄を埋めましょう。
「彼は賢いというよりも抜け目ないんです」
He is more (　　　) than (　　　).

Ｎｏｔｅ

cleverは、intelligentやwiseとは違って、好ましくない意味でも用いられることがあります。
  1. He is making clever excuses to avoid responsibility.
     「彼は巧みな言い訳をして責任を回避します」
ここでのcleverは、「表面的には賢いように見えるが、誠実さに欠けている」という意味です。

too cleverも否定的な意味となります。
  2. He is too clever for his own good.

「彼は利口すぎて、かえってやり損なうよ」

for his own good は「彼自身のため」という意味で、このgoodは名詞で「利益、幸福」を表します。

 3. He is too clever by half, if you ask me.

  「私に言わせれば、彼は才気走った男だ」

ここでのtoo cleverは、「賢いけれどもその賢さは人を不快にさせる賢さ」であることを意味します。また、by halfは、反語的に意味を強調しており、「あまりにも」という意味です。次の例文のようにtoo wiseも好ましい意味ではありませんが、too cleverほどの否定的な意味では用いられません。

 4. She is too wise for her age.

  「彼女は年の割にはませている」

ここでのtoo wiseは、「年齢以上に社会性や経験があるように見える」という意味です。

cleverは前置詞atやwithと一緒に用いられると、「巧みな、器用な」という意味で使われることがあります。

 5. She is not very clever at cooking.

  「彼女は、料理はあまり得意ではありません」

 6. He's clever with his hands.

  「彼は手先が器用だ」

| 確かめ問題の答え | clever, wise

「愚かな」の英語とコロケーション

foolish, silly, stupid

前回は「賢い」を学びました。今回は「愚かな」についてです。「愚かな」を表す英語には foolish、silly、stupid などがありますが、使い方に違いはあるでしょうか。

問　題

foolish、silly、stupid を使って、空欄を埋めましょう。
（答えは1つとは限りません）

Q1 : あれは愚かな発言でした。
That was a (　　　) thing to say.

Q2 : この愚か者めが！
You (　　　) fool!

Q3 : そんなことをした私は愚かでした。
It was (　　　) of me to do that.

Q4 : 最も愚かでない人が賢いのです。
People who are least (　　　) are wise.

正解と解説　使い方にどんな違いがあるか、見てみましょう

　「愚かな」を表す英語foolish、silly、stupidの基本的な違いは、foolishは「愚かな、ばかげた」という意味を表す一般的な語で、sillyとstupidは日常会話で使われることが多く、また、軽蔑的な語調がいちばん強いのはstupidである点です。これら3つの形容詞が修飾する名詞は、ほとんどの場合、共通しています。したがって、**Q1** は **foolish、silly、stupid** 全て正解となります。その他にも、question、idea、man、woman、boy、girl、dogなど、一緒に使うことができる語は数多くあります。

　Q2 は、名詞foolとのコロケーションの問題です。foolishはfoolの形容詞ですので、一般的には一緒には使いません。したがって、正解は **silly** と **stupid** です。

　Q3 は、it is ～ of A（人）to doの構文に関する問題です。この構文では、いずれの形容詞も可能です。よって正解は **foolish、silly、stupid**。また、It is ～ to doの構文

である、It is foolish［silly/stupid］to do so.「そんなことをするのは愚かなことだ」や、人を主語にしたA（人）is 〜 to doの構文である、She is foolish［silly/stupid］to go out in the heavy rain.「大雨の中を外出するとは、彼女は愚かだ」においても、軽蔑的な語調の強さに違いはありますが、いずれの形容詞も可能です。

Q4 は、wise「賢い」との対比の場合です。文法的にはsillyやstupidも可能ですが、wiseとの対応関係において用いることができるのは、**foolish** だけです。また、次のようなことわざや、ペアになる表現の場合は、sillyやstupidで置き換えることはできません。It is a good example of being penny-wise and pound-foolish.「それは、1ペニーを賢くけちって1ポンドを愚かにも失う（＝ささいなことにこだわって大事なことを見失う）、よい例ですね」や、the wise and the foolish「賢者と愚者」などです。ちなみに、Penny-wise and pound-foolish.は日本語のことわざ「安物買いの銭失い」に相当します。

前回の「賢い」clever、intelligent、wiseに関しては、明らかな違いがありましたが、その反意語「愚かな」foolish、silly、stupidに関しては、前回ほどの違いはありません。

確かめ問題

空欄を埋めましょう。
「そんなものにお金を費やすなんて、彼は愚かだ」
It is（　　　）of him to waste his money on such things.

Ｎｏｔｅ

　foolish、silly、stupidは、ほとんどの場合交換可能ですが、コロケーションの使用頻度から見てみると、以下のように、いくつか特徴的な点があります。
　　1. "How's school?" "It's the holiday." "Oh, silly me."
　　　「学校はどう？」「今日は休日だよ」「あら、私としたことがなんてばかなことを（聞いたんだ）」
　silly meは、自分のことを軽く卑下して「僕［私］はうっかりものだな」というニュアンスで使われます。stupid meの例も若干ありますが、foolish meはきわめてまれです。自分のそそっかしさを自嘲したsilly meには、他の代名詞とのコロケーション、例えばsilly youなどは見られません。その場合、次のように代名詞が先に来て、you sillyとなります。
　　2. Stop it you silly.
　　　「止（や）めろよ、このばか者」

　相手を罵倒する場合、you stupidやyou foolishも多くの用例があります。sillyが

foolishやstupidとは少し違うのは、その語調がfoolishやstupidほど強くなく、相手に対する非難というよりも、励ましの文脈で使われる場合があるという点です。

3. They are silly little things. It's nothing to worry about.
「そんなことは取るに足りないことだよ。心配するようなことじゃないよ」

この例文3のような励ましや激励の文脈では、foolishやstupidで置き換えることはできません。

次の例文の中のyoung and foolishは、Iを主語にして使われる用例が多く見られます。

4. I was young and foolish at the time.
「私は、当時は若くて愚かだった」

young and foolish のコロケーションでは、foolishの代わりにstupidやsillyも使われますが、最も多いのは主語がIの場合です。

| 確かめ問題の答え | foolish, silly および stupidの3つとも正解

「うれしい、楽しい」の英語とコロケーション

happy, pleased, pleasant

「うれしい、楽しい」を表す英語には、happy、pleased、pleasantなどがあります。それぞれ使い方に違いはあるでしょうか。

問題

happy、pleased、pleasantを使って、空欄を埋めましょう。
（答えは1つとは限りません）

Q1： 私は、彼女が試験に合格したことがうれしい。
　　　I'm (　　　) about her passing of the exam.

Q2： このレストランで働くのは楽しい。
　　　It is (　　　) to work in this restaurant.

Q3： いろいろありがとう。今日は楽しいひとときを過ごしました。
　　　Thanks for everything. I had a (　　　) time today.

Q4： これはうれしい驚きだ！
　　　What a (　　　) surprise!

正解と解説 **使い方にどんな違いがあるか、見てみましょう。**

　「うれしい、楽しい」を表す英語happy、pleased、pleasantの基本的な違いの1つは、文法的なコロケーションに見られます。happyとpleasedがbe動詞の後に置かれ、補語の役割を果たす叙述用法として使えるのは、人が主語の場合です。一方、pleasantが叙述用法として使えるのは、人以外が主語の場合です。pleasantが人を主語にする場合は、「うれしい、楽しい」ではなく、「（態度などが）好ましい、感じや愛想がよい」という意味になります。

　Q1 は、人が主語の場合の叙述用法です。正解は**happy**と**pleased**です。pleasantは使えません。ちなみに、to不定詞を使って、I'm happy[pleased] to hear that she passed the exam.と言うこともでき、この場合、gladやdelightedに置き換えて、I'm glad[delighted] to hear that she passed the exam.とすることもできます。

Q2 は、人以外が主語の場合です。正解は **pleasant** のみです。ネットなどではhappy やpleasedを使った表現も見られますが、一般的には正しくありません。また、Q1で挙げた gladやdelightedも、ここでは使うことはできません。ちなみにQ2は、this restaurantを 主語にして This restaurant is pleasant to work in. と言うこともできます。

Q3 は、名詞の前に置かれる限定用法の形容詞とtimeとのコロケーションです。正解 は **happy** と **pleasant** です。pleasedは一般的には人を主語とする叙述用法で使われ、 限定用法で使われるのはまれで、with a pleased smile「うれしそうにほほ笑んで」のよう に、笑みなどの顔の表情を表す語とのコロケーションに限られています。

Q4 はsurpriseとのコロケーションです。**pleasant** が一般的によく使われるコロケー ションですが、**happy** も正解です。pleasedを使うことはできません。興味深いのは、I was pleasantly[happily] surprised to hear the news.「その知らせを聞いてうれしく もあり、驚きもした」のように、品詞が変わっても、副詞pleasantlyやhappilyと分詞形容 詞surprisedは一緒に使われるということです。

空欄を埋めましょう。
「私どものパーティーにご出席いただき、大変うれしく思います」
I'm very (　　　　) that you have come to our party.

📖✍ N o t e

　pleasedとpleasantの基本的な違いは、pleasedとpleasingの違いと同じです。つ まり、pleasedはfeeling pleasure or enjoyment「喜びや楽しみを（主語が）感じてい る」で、pleasantやpleasingはgiving pleasure or enjoyment「（主語が）喜びや楽し みを人に与える」ことです。

　例えば、Q1の正解happyとpleasedでは、主語である私が「喜びを感じている」のです が、一方Q2の正解pleasantは、形式主語Itが代用している、後に来る真主語to work in this restaurant「このレストランで働くこと」が、「私」に「楽しみを与えている」のです。 また、Q2がthis restaurantを主語にして書き換えることができるのは、pleasantが「喜 びや楽しみを人に与える」ものを主語にするからです。したがって、pleasantが人を主語 にする場合は、その人が他の人を喜ばせることになります。

　1. He is a very pleasant young man.

「彼はとても感じのよい若者です」
ここでは「若者」が周囲の人々に好ましい印象を与えていることになります。

2. She is very pleasant and communicative.
　「彼女は大変愛想がよくて話し上手だ」
「愛想がよい」というのは、「他人によい感じを与える」ということです。このようにpleasantが人を主語に取ることもありますが、通常はQ4のように人以外の名詞を修飾します。

3. This has been a very pleasant evening.
　「とても楽しい夜でした」

| 確かめ問題の答え | happy または pleased

「悲しい」の英語とコロケーション

sad, sorrowful, unhappy

前回は「うれしい、楽しい」の英語について学びました。今回は「悲しい」についてです。「悲しい」を表す英語にはsad、sorrowful、unhappyなどがありますが、それぞれ使い方に違いはあるでしょうか。

問 題

sad、sorrowful、unhappyを使って、空欄を埋めましょう。
（答えは1つとは限りません）

Q1 : 梅雨の時期は悲しくなります。
The rainy season makes me (　　　).

Q2 : 彼女がもうここからいなくなると思うと悲しい。
It is (　　　) to think that she will not be here any longer.

Q3 : 彼は悲しげな目をして私のもとを去った。
He left me with (　　　) eyes.

Q4 : 悲しいことに、彼は二度と戻って来なかった。
(　　　) to say, he did not come back again.

正解と解説 使い方にどんな違いがあるか、見てみましょう。

　「悲しい」を表す英語で最も一般的な語はsadですね。sorrowfulは深い悲しみを表し、文語的で文学的な語です。unhappyの悲しさは、不幸や不満と関係があります。意味的な違いだけでなく、文法的なコロケーションの違いもあります。以下の解説で確認しましょう。

　Q1 は、**sad、sorrowful、unhappy** の全てが正解です。ただ、sorrowfulの場合は、詩的な情趣にあふれた表現になります。

　Q2 のitは、to以下を受ける形式主語です。この形式主語と一緒に使えるのは **sad** だけです。文法的にはsorrowful やunhappyも可能ですが、一般的には使われません。しかし、この文を書き換えて、It makes me sad to think that she will not be here any longer. とすると、ニュアンスの違いはありますが、sadの代わりにsorrowfulやunhappyを使うことができます。

　Q3 は、eyesとのコロケーションです。一般的には **sad** が用いられますが、**sor-**

rowful や **unhappy** も可能です。sad、sorrowful、unhappy は、その他にも、face、smile、news、time、lifeなどと一緒に使うことができます。そして、そのような場合でもsadが最も一般的に使われます。しかし、unhappy marriage「不幸な結婚」、unhappy childhood「不幸な子ども時代」などのように、sadよりもunhappyと一緒に使われることが一般的なものもあります。

　Q4 は文頭で副詞句的に使われる例です。正解は **Sad** です。ちなみに、Sad to sayを副詞SadlyやUnfortunately「不幸なことに」、あるいはsadをsorryに置き換えてSorry to say「残念ながら」としても、ほぼ同じ意味になります。Q4のように、文頭で用いられるコロケーションとして、他にthe sad fact is ～があります：The sad fact is that things are getting worse.「悲しい事実は、事態が悪化しているということです」。the unhappy fact is ～も可能ですが、用例としてはthe sad fact is ～が多く見られます。

確かめ問題

空欄を埋めましょう。
「彼が解雇されたと聞いて、とても悲しい」
It is very (　　　) to hear that he was fired.

N o t e

　「正解と解説」において、「悲しい」を表す英語で最も一般的な語はsadで、sorrowfulは深い悲しみを表し、文語的で文学的な語だと説明しました。BNCのコーパスを使って使用頻度を調べると、sadは3,466例ありますが、sorrowful は58例です。明らかに使用頻度に違いがありますね。sorrowfulの58の用例のうち、話し言葉コーパスでの使用は1例のみで、その1例もラジオドラマの物語の中で使われているので、自然な会話における用例は1例もないことになります。

　英訳聖書で最も権威のある『欽定訳聖書』で、sadとsorrowfulの使用頻度を調べてみると、sadは11例で、sorrowful は18例ありました。聖書ではsorrowfulのほうが多く使われています。1つ用例を見てみましょう。
　・I am a woman of a sorrowful spirit. (「サムエル記上」第1章15節)
　　「私は深い悩みを持った女です」
　sorrowfulは、sadに比べると、特に深く深刻で長期的な心の痛みや悩みについて用いられ、ある特定の原因による悲しみを表します。

| 確かめ問題の答え | sad

「確かな、確かに」の英語とコロケーション

certain, sure

皆さんは「確かな」の英語表現としてcertainとsureをすぐに思い浮かべると思いますが、この2つにはどんな違いがあるでしょうか。

問題

certain、sure、certainly、surelyを使って、空欄を埋めましょう。
（答えは1つとは限りません）

Q1： 明日は確かに晴れるでしょう。
　　　 I'm (　　　) that it will be clear tomorrow.

Q2： 彼が来るのは確かですよ。
　　　 It is (　　　) that he will come.

Q3： この愛よりも確かなものはないと私は信じている。
　　　 I believe there's nothing more (　　　) than this love.

Q4： 土地の価格は確かに急激に上がっている。
　　　 The price of land is (　　　) rising rapidly.

正解と解説　**使い方にどんな違いがあるか、見てみましょう。**

　certainとsureは、どちらも主語になる人物や話し手が確信していることを表しますが、基本的な違いとしては、certainのほうが客観性の高い確信で、sureは主観性の高い確信です。ある物事が確かであるということを単に伝えるだけであれば、certainを使います。

　Q1 の場合、「明日は晴れる」という確信は、明日のことですから、客観的か主観的かは決めがたいですね。したがって、この場合は **certain** も **sure** も正解です。

　Q2 はitを主語にしています。主観性の高いsureは人を主語にすることはできますが、itを主語にすることは一般的にはできません。したがって正解は **certain** となります。また、仮の目的語itを使った構文「make it certain that ～」でも、certainはitの補語となっているので、certainの代わりにsureを使うことはできません。

Q3 は比較級の例文です。内容が客観性の高い確信であればcertainが正解ですが、I believe、this loveと言っているように、判断する事柄が主観性に依存しているので、**sure** が適当と言えます。ちなみにこの場合、文法的にはmore sureをsurerとすることも可能ですが、不可とするネイティブ・スピーカーもいます。

Q4 は土地の価格を主語としています。基本的には、土地の価格の急激な値上がりは客観的な内容ですので、certainの副詞 **certainly** が正解です。しかし、土地の価格が急激に上がっているかどうかは知らないが、「今、この土地の価格は急激に上がっているに違いないと私は信じている」のような場合は、sureの副詞 **surely** も可能です。

形容詞certainとsureが名詞を修飾する場合は、コロケーションの違いがはっきりと見られます。sureが修飾する名詞は多くはないのですが、the surest way「最も確かな方法」、a sure sign「確かな徴候」などがあります。一方、certainは多くの名詞を修飾しますが、意味が「確かな」ではなくなるので注意が必要です。例えば、a certain way「一定の方法」、a certain sign「ある(何らかの)徴候」となります。

確かめ問題

空欄を埋めましょう。
「彼は、この優勝で五輪出場を確かなものにした」
His victory has made it (　　　　) that he will go on to the Olympics.

📖 N o t e

高校で使われる文法書、例えば『総合英語Forest』(第4版、桐原書店)によると、形容詞の比較変化に関して次のように記述されています。

「1音節(発音する母音の数が1つ)の語は原級の語尾に-er(比較級), -est(最上級)をつける。また, 2音節の語の一部(語尾が-y, -er, -ow, -leなどで終わる語)も, -er, -est型になる」(232頁)

この記述によると、1音節の語は原級に-er(比較級), -est(最上級)を付けることになります。では、1音節の単語sureに関してはどうでしょうか。BNCで確認してみましょう。

図1(次ページ)に見るように、形容詞sureの比較級surerは48例あります。また、surestは55例ありました。それではmore sureはどうでしょうか。

図2（次ページ）に示したように、more sureの用例は19例あります。実に3分の1以上はmore型だと言うことです。また、most sureは5例ありました。では、この言語事実はどう解釈したらいいでしょうか。

　1音節の形容詞の比較級や最上級は、原級に1音節の-er（比較級）、-est（最上級）を付けることは一般的ですが、1音節語であってもmore（比較級）、most（最上級）と一緒に使われることが増えてきています。特に、若い世代ほどその傾向が強いようです。ここで指摘したいことは、高校で使われる文法書の否定ではなく、言葉は規則どおりではないということです。言葉は時代と共に変化し、その生の言葉の使用状況は、BNCのようなコーパスを使って知ることができるということです。

　言葉の変化を知る方法の1つとして、実際に使用されている言語事実を知るためのコーパスは重要な役目を果たしています。

| 確かめ問題の答え | certain

【図1】BNCにおけるsurerの例（部分）

総件数：48件（0.43 / 1M語）　採用：48件　表記形　サブコーパス指定：無

1	But this is almost certainly an illusion : as she becomes	surer	of her hold on the affections of her poet , so she becomes sure
2	urer of her hold on the affections of her poet , so she becomes	surer	of herself , can dispense with affectations , and dares to spea
3	ly after business hours , and it is considered that there is no	surer	means of achieving this aim than by encouraging young people to
4	He stood out among them not only because he had a	surer	command of his people at home , but also because Cuba is where
5	There will be no	surer	way of rendering the divisional championship worthless than int
6	t that which belongs to him and thus acceptance has a broader ,	surer	meaning (p. 333) .
7	A	surer	way of assessing how far lakes have turned acid is &bquo; dieto
8	ry central city site in the nation 's capital there could be no	surer	sign that Canadians were allowing Mammon and the attendant phil
9	holarship may come later to them , but when it comes , it has a	surer	foundation .
10	Experience has shown that	surer	progress can be made towards introducing the policy throughout
11	inated by the glycosylated haemoglobin level which gives a much	surer	guide of the true state of glycaemic control .
12	The university and polytechnic librarians seem to be on	surer	ground when they are producing guides on literature search stra
13	As Paul Davies has put it , &bquo; science offers a	surer	path to God than religion . &equo;
14	lement of immediacy and practicality ; seemingly far better and	surer	the effect of outlays for security guards than the more distant
15	Indeed , if there is one thing	surer	than a pre-Christmas ad for turkey stuffed with Paxo it 's a po
16	More prestigious universities , showing a	surer	touch than the Royal Society of Chemistry , had refused to get
17	present circumstances than would be Dalwolsey ; for nothing was	surer	than that the English would be up_to Lothian and Edinburgh befo
18	as more open , more &bquo; brilliant &equo; ; Lauda was safer ,	surer	, more conservative .
19	There is no subtler , no	surer	way of overturning the existing basis of society than to debauc

【図2】 BNCにおける more sure の例（部分）

第4章

副詞の類義語と
コロケーション

「〜したて、できたて」の英語とコロケーション

freshly, newly

今回は、「できたて」、「〜したばかり」のような、「動作が終わって間がない様子」を表す副詞、freshlyとnewlyのコロケーションを考えてみましょう。

問題

freshlyまたはnewlyを使って、空欄を埋めましょう

Q1：私たちは、できたてほやほやの料理を楽しみました。
We enjoyed hot, (　　　) cooked food.

Q2：塩とひきたての黒コショウを加えなさい。
Add salt and (　　　) ground black pepper.

Q3：私は、開発されたばかりの地区に住んでいます。
I live in a (　　　) developed district.

Q4：私たちは、結婚したばかりの2人の幸せに満ちた前途を祝して、乾杯をした。
We drank to a joyful future for the (　　　) married couple.

正解と解説 使い方にどんな違いがあるか、見てみましょう

Q1 の「できたて」において、cookedを修飾する副詞は **freshly** です。

Q2 の「ひきたて」も **freshly** が正解です。freshlyはfresh「新鮮な」の副詞なので、食べ物に関する動詞を修飾することが多く、さらにnewlyより具体的な行為を表す動詞を修飾します。「freshly＋動詞の過去分詞＋名詞」の形を取り、freshly baked pizza「焼きたてのピザ」、freshly made tea「入れたてのお茶」、freshly grated cheese「おろしたてのチーズ」、freshly painted room「ペンキ塗りたての部屋」などの例が挙げられます。

Q3 の「開発されたばかり」は、freshlyではなく、**newly** が正解です。

Q4 の「結婚したばかり」の場合も **newly** となります。newlyもfreshlyと同じように、「newly＋動詞の過去分詞＋名詞」のパタンが多く見られます。しかし、newly formed department「新設学部」、newly created design「創作されたばかりのデザイン」、

newly elected senator「新しく選出された上院議員」のように、freshlyとは違い、より抽象的な物事と一緒に用いられます。なお、上で挙げた「塗りたて」はnewly paintedとも言えそうですが、この場合、形容詞new「新しい」の意味が強くなり「新たに塗られた、塗り替えられた」という意味になります。

　一般的に-lyが付く副詞は、その単語の形容詞と比べると、修飾する形容詞や副詞の用法が限定されます。例えば、形容詞freshは、fresh water「新鮮な水」、fresh fruit「新鮮な果物」のように食料に関して使われるだけではなく、make a fresh start「新規まき直しをする、再出発する」、fresh evidence「新しい証拠」、I took a fresh look at the data.「データを新たに見直した」のように、抽象的な名詞とも一緒に使われます。しかし、その副詞freshlyはfreshに比べて、意味や構文において限定的ではっきりとした用法で使われます。freshlyだけでなくほとんどの-ly副詞は、同じ語幹の形容詞に比べ、コロケーションの幅は狭まります。

　副詞のコロケーションは、国内外のコロケーション辞典でほとんど言及されておらず、悩んでいる日本人英語学習者を多く見かけます。本書では、これからも副詞のコロケーションを扱っていきます。

空欄を埋めましょう。
「私たちは新築の家で、ひきたてのコーヒーを楽しみました」
We enjoyed (　　　) ground coffee at our (　　　) built house.

📖 Ｎ ｏ ｔ ｅ

　「freshly＋動詞の過去分詞＋名詞」のパタンの、他の例を見てみましょう：freshly chopped parsley「刻みたてのパセリ」、freshly prepared vegetables「調理されたばかりの野菜」、freshly squeezed orange juice「絞りたてのオレンジジュース」、freshly made tea「入れたての紅茶」、freshly washed blouse「洗いたてのブラウス」、freshly cut wood「切り出したばかりの材木」、freshly laundered sheets「洗濯したてのシーツ」など。

　次に、「newly＋動詞の過去分詞＋名詞」のパタンの、他の例を見てみましょう：newly opened store「開店したての店」、newly built building「建てられたばかりのビル、新築ビル」、newly discovered oil fields「新しく発見された油田」、newly appointed teacher「任命されたばかりの教師、新任の教師」など。

　「できたて」や「結婚したばかり」のような「〜したて」や「〜ばかり」は、日本語においては英語のfreshlyやnewlyのように独立した単語ではないので、日本人の英語学習者の多くが、「ひきたてのコーヒー」や「結婚したばかりの2人」の英語表現において、freshlyやnewlyを使うことができません。ここには日本語と英語の構造的な違いがあります。このような日英語の表現の違いを知って英語を使いこなすためには、英語の副詞の文法的なコロケーション・パタンを意識的に理解して、多くの用例に触れることが重要です。

| 確かめ問題の答え | freshly, newly

「じっと」の英語とコロケーション

....

fixedly, attentively, still

和英辞典で「じっと」を引くといろいろな副詞が挙げられていますが、どんな違いがあるか分かりますか？　今回は、fixedly、attentively、stillの使い方の違いを、コロケーションの点から考えてみましょう。

問 題

fixedly、attentively、still を使って、空欄を埋めましょう。
（答えは1つとは限りません）

Q1 : 彼は彼女の顔をじっと見つめた。
　　　He looked (　　　　) at her face.

Q2 : 子どもたちは先生の話をじっと聞いていた。
　　　The children were listening (　　　) to the teacher.

Q3 : たいていの子どもは、20分もじっと座ってはいられない。
　　　Most children cannot sit (　　　) for even twenty minutes.

Q4 : 彼女は息子の帰りを今でも待っている。
　　　She is (　　　) waiting for her son to come back.

正解と解説　**使い方にどんな違いがあるか、見てみましょう。**

Q1 の「じっと見つめる」は、一般的に **fixedly** を使います。fixedlyの形容詞fixedは、fixed camera「固定カメラ」のように「物理的に固定した」の意味、fixed gaze「凝視」のように「視線が固定した」の意味、fixed date「定められた日」のように「定めた、決められた」の意味、そしてfixed idea「固定観念」のように「心理的にとらわれた」の意味などで使われます。一方、fixedlyは、動詞look、stare、gazeのように「見る」を表す動詞を修飾し、物理的に「しっかりと締める」という意味や、心理的に「しっかりと考える」意味などでは使われません。つまり、同じ語幹を持つ形容詞fixedに比べ、コロケーションの範囲は狭くなります。また、日本語の「じっと」は動詞「見つめる」の直前に来ますが、fixedlyは動詞の直後に来ます。英語では語順が異なるので気をつけましょう。なお、Q1では「注意深く」の意味を持つ **attentively** も使うことができます。

Q2 の「じっと聞く」は「注意深く聞く」ことなのでfixedlyは使えず、**attentively** が正

解です。副詞の位置は動詞の直後です。

Q3 の「じっと座る」は、「席を立つことなく静かにする」ことなので、「静かに」の **still** が正解。これも動詞の直後に副詞が来ます。

Q4 の正解は **still** です。still waitingだけを見ると「じっと待っている」と読めそうですが、この場合のstillはQ3のような意味ではなく、「今でもなお」という意味です。「じっと待つ」の意味を表す場合は、patiently waiting「辛抱強く待つ」やcalmly waiting「静かに待つ」と言いましょう。

一般的に、文中での副詞の位置は他の品詞に比べて固定されないと言われていますが、今回見た副詞のように、位置が固定される場合もあります。おとぎ話の終わりによく聞く決まり文句の「そして、その後彼らはずっと幸せに暮らしました」も、英語ではhappily livedにしてしまいそうですが、And they lived happily ever after.となります。語順に関しても、コロケーションの問題として気をつけていきましょう。

確かめ問題

空欄を埋めましょう。
「私たちは彼をじっと見つめ、彼の言うことをじっと聞きながら、じっと座っていた」
We sat (　　　) staring (　　　) at him and listening (　　　) to him.

📝 **N o t e**

「正解と解説」の中で、副詞 fixedly は「同じ語幹を持つ形容詞 fixed に比べ、コロケーションの範囲は狭くなります」と述べましたが、同じ語幹を持つ動詞 fix も含めて、品詞とコロケーションの範囲について考えてみましょう。動詞 fix の基本的な意味は、大きく次の5つに分けることができます。

（1）物理的に固定する
　　We fixed a tent with four pegs.
　　「テントを4本の杭で固定した」
（2）物理的に修理する
　　He fixed his motorcycle by himself.
　　「彼はオートバイを自分で修理した」

（3）物理的に見つめる
　　His eyes were fixed on the picture.
　　「彼の目はその絵をじっと見つめた」
（4）心理的に決める、定める
　　Webster fixed English spelling.
　　「ウェブスターは英語のつづりを決定した」
（5）心理的に心を固定させる、記憶に留める
　　I fixed the date in my mind.
　　「私はその日付をしっかりと覚えていた」

　動詞 fix の5つの意味のうち、分詞形容詞 fixed の場合は、分類（2）「物理的に修理する」の意味での fixed motorcycle「修理されたオートバイ」とは一般的には言わないので、形容詞 fixed は動詞 fix よりもコロケーションの範囲が狭まったと言えます。それでは、副詞 fixedly はどうでしょうか。BNC で調べると fixedly の用例は65例あります。その65例のうち63例は「見る」を表す動詞を修飾しているので、これら63例の fixedly は分類（3）の「物理的に見つめる、目や注意を注ぐ」の意味で使われていることになります。したがって、副詞 fixedly は、同じ語幹を持つ動詞 fix や形容詞 fixed に比べ、コロケーションの範囲は極端に狭くなっていると言うことができます。

| 確かめ問題の答え | still, fixedly または attentively, attentively

「かなり」の英語とコロケーション

....

fairly, quite, rather

和英辞典で「かなり」を引くと、fairly、quite、ratherなどが挙げられています。これらの強調の副詞にはどのような違いがあるか、考えてみましょう。

問 題

fairly、quite、ratherを使って、空欄を埋めましょう。
（答えは1つとは限りません）

Q1： 彼は英語をかなりうまく話す。日常会話であれば問題ないよ。
He speaks English (　　　) well. He has no problem with everyday conversation.

Q2： 彼は英語をかなりうまく話す。英語のネイティブ・スピーカーと間違われるくらいだ。
He speaks English (　　　) well. Some people think he is a native speaker of English.

Q3： かなり多くの人々がそのパーティーにやってきた。
(　　　) a few people came to the party.

Q4： この本は私が思った以上にかなり難しい。
This book is (　　) more difficult than I thought.

正解と解説 **使い方にどんな違いがあるか、見てみましょう。**

「かなり」という日本語は程度が普通以上の場合に用いますが、英語では、予想を少し越えた程度か、はるかに越えた程度かによって、使われる副詞は異なります。

Q1 の場合、wellとのコロケーションの関係だけから見ると、fairlyもquiteもratherも可能です。しかし、その程度は、高い方から、rather、quite、fairlyとなり、fairlyについては、「まずまずの」という意味もあります。Q1の日常会話ができる「まずまずの」英語力と、Q2の「ネイティブ・スピーカーと間違われる」英語力を考えると、明らかに「かなりうまく」の程度に差があります。したがって、Q1は**fairly**が適当と言えます。

Q2 は**rather**が適当ですが、**quite**も可能です。人からfairly wellやfairy clever

と言われても、あまり喜び過ぎないようにしましょう。ちなみに、quite well は、fairly well と rather well の間なので、She has lived in London for several years, so she speaks English quite well.「彼女は数年間ロンドンに住んでいるから、英語はかなりうまく話す」という程度に位置づけることができます。

　　Q3 の a few は「少しはある」という意味ですが、quite a few で「かなり多くの」という意味になります。正解は **quite** です。この場合の quite は、fairly や rather で置き換えることはできません。また、quite は、I watched quite an interesting film yesterday.「私は昨日かなり面白い映画を見た」のように、「quite + a[an] +形容詞+名詞」の形で用いることができます。

　　Q4 は副詞 much の比較級である more と一緒に用いる場合ですが、fairly や quite とは異なり、比較級の程度を強めることができる **rather** が正解です。比較級だけでなく too とも一緒に使われ、This book is rather too difficult for me.「この本は私にはかなり難しすぎる」と言うことができます。

確かめ問題

空欄を埋めましょう。
「まずまずの立ち上がりだったが、私たちは、最後は予想以上にかなりうまく試合運びをした」
After a (　　　) good start, we ended up playing the game (　　　) better than expected.

📖✏️ Ｎ ｏ ｔ ｅ

　　Q3の正解 quite a few では、語順を変えて×a quite few とすることはできません。また、fairly や rather は a few と一緒に使うことはできませんが、rather に関しては、次の例文のように long、old、good、different、difficult の形容詞とともに、「rather a[an] +形容詞」の形で使うことができます。

　　1　The station is rather a long way from here.
　　　　「駅はここからかなり遠い」
　　2.　I'm afraid it was rather an old photograph.
　　　　「残念ながら、それはかなり古い写真だった」

「かなり」を表すもう1つの副詞に pretty があります。
　　3.　"Hi Masa, how are you?" "Pretty good! And you?"

　　「まさ、元気?」「かなり調子いいよ。そっちは?」
　prettyは、程度としてはfairlyよりも高く、ratherよりも低く、quiteと同じ程度だと言えます。ただ、quiteよりも少しくだけた感じがします。

　なお、もう1つ同じように程度を表す副詞として、reasonablyがあります。
　　4.　Her work is going reasonably well.
　　　　「彼女の仕事はまあまあうまくいっている」
　　5.　This car is reasonably priced.
　　　　「この車は手頃な値段です」

これまでの強調の副詞を程度の高い順に並べると、次のようになります。

（高）rather ＞ quiteおよびpretty ＞ fairly ＞ reasonably（低）

　　　　　　　　　　　　　　　｜確かめ問題の答え｜ fairly, rather

「驚くほど」の英語とコロケーション

....

surprisingly, remarkably, amazingly

「驚くほど」を表す英語の副詞には、surprisinglyの他に、remarkably、amazinglyなどがあります。それぞれの使い方に違いはあるでしょうか。

問 題

surprisingly、remarkably、amazinglyを使って、空欄を埋めましょう。（答えは1つとは限りません）

Q1： 驚くほどのことではないが、彼女はそのことに強く抗議した。
　　　Not (　　　), she protested strongly about it.

Q2： その病気の原因については、驚くほどわずかしか知られていない。
　　　(　　　) little is known about the causes of the disease.

Q3： 彼女は驚くほどうまく歌った。
　　　She sang (　　　) well.

Q4： あなたたち2人は、驚くほど双子のように見えます。
　　　You two look (　　　) like twins.

正解と解説 **使い方にどんな違いがあるか、見てみましょう。**

　3つの副詞の違いは、その強意の程度にあります。surprisinglyは、「驚いている」ことを表す一般的な語です。remarkablyは「注目すべき」驚きで、amazinglyは「信じがたいほど驚いている」状態です。したがって、強意度はsurprisingly＜remarkably＜amazinglyの順で増します。しかし、使い方にも少し違いがあります。

　Q1 は文頭に副詞を置いて文全体を修飾する、「文修飾」の副詞の例です。ここで問題なのは、文頭における否定語notとのコロケーションです。正解は **surprisingly** で、remarkablyやamazinglyは使えません。というのは、文頭におけるNot surprisingly「驚くほどのことではないが」は、一種の慣用句となっているからです。したがって、否定語notがない場合、例えばSurprisingly [Remarkably/Amazingly], no one was injured.「驚いたことに、けがをした人は誰もいなかった」の場合は、いずれの副詞も使用できます。

Q2 は、量や程度について否定的な意味を表すlittleとのコロケーションです。正解は、**surprisingly** と **remarkably** です。amazinglyは、notだけでなくlittleのような否定的な意味を表す語とも一緒に使えません。ただ、surprisinglyは、hardly[less/scarcely] surprisingly「驚くほどではないが」のように、否定的な意味でも使えますが、remarkablyは使えません。

Q3 では surprisingly、remarkably、amazingly のいずれの副詞も正解です。surprisinglyと比べると、amazinglyはより強い驚きで、remarkablyはより客観的な判断に基づいているニュアンスがあります。

Q4 は **remarkably** がいちばん自然ですが、**surprisingly** も可能です。amazinglyも意味的・文法的には可能ですが、不自然な英語になります。興味深いのは、look[sound] remarkably like ～「驚くほど～のように見える[聞こえる]」のコロケーションでは、surprisinglyよりもremarkablyが極めて多く使われていることです。

> 確かめ
> 問題
>
> **空欄を埋めましょう。**
> 「驚くことではないが、誰も計画に反対しなかった」
> Not (　　　　), no one has objected to the plan.

 N o t e

　形容詞 surprising、remarkable、amazingにも副詞と同じような違いがあるのでしょうか。まず強意度ですが、副詞と同じようにsurprising＜remarkable＜amazingの順で増していきます。次に、否定語notとのコロケーションですが、Q1はsurprisingやre-markableを使って、It is not surprising [remarkable] that she protested strongly about it.と言うことができますが、amazingを使うことはできません。amazingは、「びっくりするほど見事な」ことに用いるので、基本的には否定語とは用いられません。

1. Isn't it amazing that he has passed that examination?
　「彼があの試験に合格したなんて驚きじゃない？」

　この例文では、amazingは否定語と一緒に使われていますが、その内容は「びっくりするほど見事な」できごとについて語っています。この否定語とのコロケーションで対照的なのはsurprisingです。surprisingは、約3分の1がnot、hardly、scarcelyの否定を表す語と一緒に使われます。remarkableに関しては、否定語と用いられることはありますが、そ

の使用頻度は0.5％以下です。

　次にそれぞれの形容詞を修飾する副詞を調べると、surprisingを修飾する副詞は、頻度 順 にhardly ＞ more ＞ most ＞ perhaps ＞ very な ど で す。一 方、amazingはvery surprisingと定義されるように、すでにveryの意味が入っているので、基本的にはveryと一緒には使いません。修飾する副詞は、頻度の高い順にmost ＞ quite ＞ more ＞ really ＞ absolutelyなどです。

　2. It was an absolutely amazing day.
　　「まったく驚くべき日だったよ」

remarkableに関しては、頻度の高い順にmost ＞ more ＞ quite ＞ very ＞ trulyなどです。

　3. She is a truly remarkable woman.
　　「彼女はまさに驚くべき女性だ」

| 確かめ問題の答え | surprisingly

187

「まったく」の英語とコロケーション

completely, absolutely, utterly

今回は「まったく」を表す英単語を取り上げます。「まったく」や「すっかり」を表す副詞には、completely、absolutely、utterlyなどがありますが、それぞれ使い方に違いはあるでしょうか。

問題

completely、absolutely、utterlyを使って空欄を埋めましょう。
（答えは1つとは限りません）

Q1： 彼は、今年も彼女の誕生日をすっかり（まったく）忘れていた。
He (　　　) forgot her birthday again this year.

Q2： 母が私の名前を呼んだとき、私は漫画にすっかり（まったく）夢中になっていた。
I was (　　　) lost in a comic book when my mother called my name.

Q3： なぜこのようなことになったのか、彼にはまったく分からなかった。
He had (　　　) no idea why this happened.

Q4：「自分の責任だと思っていますか？」「まったく思っていません」
"Do you think it's your fault?" "(　　　) not."

正解と解説 使い方にどんな違いがあるか、見てみましょう。

「まったく」を表す3つの副詞の中で、最も一般的なものはcompletelyで、多くの動詞や形容詞と一緒に使われます。一方、absolutelyとutterly は特定の品詞や語と一緒に使われます。また、completelyは、話し言葉でも書き言葉でも使用頻度に偏りはありませんが、absolutelyは主に話し言葉で、utterlyは主に書き言葉で使われます。

Q1 は、「すっかり（完全に）忘れていた」という意味なので、**completely** が正解です。absolutelyは、強い意志や感情、あるいは厳しい状況を表す動詞や形容詞を強調するときに使います。例えば、He absolutely refused to listen to her advice.「彼は、彼女の忠告をまったく聞き入れなかった」や、It is absolutely impossible.「それはまったく不可能です」などです。utterlyは、He utterly fails to understand why I got angry.「私

がなぜ怒ったのか、彼はまったく分かっていない」のように、否定的な意味を表す限られた動詞に使われることもありますが、主にridiculous「ばかげた」やmiserable「みじめな」のような、好ましくない意味を表す形容詞と一緒に使います。

Q2 は、**completely** と **utterly** が正解です。absolutelyも可能ですが、英語としては少し不自然です。形容詞lostには、次の例文のように、「道に迷った」という意味もあります：I was completely [utterly] lost in the forest.「私は森の中で迷ってしまった」。

Q3 は、noという否定的な語の前で強調する場合です。正解は、**absolutely** ですが、**utterly** も可能です。absolutelyは「no＋名詞」の他にnothing、nobodyの前でも使い、He knew absolutely nothing about her.「彼は彼女のことはまったく何も知らなかった」などと表すことができます。utterlyと置き換えも可能ですが、absolutelyが一般的です。

Q4 は、会話の返事として使われる場合で、正解は **Absolutely** です。肯定する場合は、Absolutely yes. や単独でAbsolutely. と言うことができます。肯定、否定のいずれの場合も話者の強い意思を表します。

確かめ問題

空欄を埋めましょう。
「私の考えでは、彼らはまったく間違っていた」
In my opinion, they were (　　　　) wrong.

📖✏️ N o t e

「まったく」を表す3つの副詞completely、absolutely、utterlyには、修飾できない形容詞があります。形容詞には比較級や最上級にすることができるtallやyoungのような形容詞（段階的形容詞）と、aliveやdeadのように生きているか死んでいるかの二者択一を表す形容詞（非段階的形容詞）とがあります。多くの形容詞は段階的形容詞です。段階的形容詞には、特にその比較級と最上級に関しては、一般的にcompletely、absolutely、utterlyの3つの副詞は使われません。

1. His house is much larger than mine.
   「彼の家は私の家よりずっと大きい」
2. Shohei is the very best player in baseball history.
   「翔平は野球の歴史上、まさに最高の選手です」

例文のmuchやveryの代わりにcompletely、absolutely、utterlyは使えません。

　次の例文のような原級の場合でも、基本的にはこれら3つの副詞を用いることはできません。

   3.　It is an extremely small stadium.

     「それはきわめて狭い球場である」

　このextremelyはcompletely、absolutely、utterlyで置き換えられません。これら3つの副詞は、「非段階的形容詞」を修飾することができます。

   4.　They were completely dead.

     「彼らは全く死んでしまっていた」

   5.　You are absolutely right.

     「君は全く正しい」

   6.　It's utterly impossible.

     「それは全く不可能だよ」

　注意を要するのは、形容詞の中には「段階的」と「非段階的」の両方で使われるものがあることです。例えば、The bus was completely full.「バスは満席だった」のfullは、1つでも席が空いていればfullではないので、非段階的形容詞です。しかし、The moon was fuller than the night before.「月は前夜より満ちていた」のfullは、full moon「満月」に次第に近づいているという点では段階的形容詞です。

　｜確かめ問題の答え｜　completely、absolutely、utterlyのいずれも正解

第5章

その他の表現とコロケーション

「〜に関しては」の英語とコロケーション

....
「形容詞 ＋ with」

「〜に関しては」という意味を持つ with を使ったコロケーションを学んでいきましょう。「形容詞＋with」がいかに表現豊富であるか知っていますか？

問 題

適切な形容詞を使って、空欄を埋めましょう。

Q1： 彼女は子どもの扱いがうまい。
　　　She is (　　　) with children.
Q2： その先生は生徒に人気がある。
　　　The teacher is (　　　) with the students.
Q3： 彼は気前がよい。
　　　He is (　　　) with his money.
Q4： 昨日、上野公園は花見客でにぎわっていた。
　　　Ueno Park was (　　　) with people viewing the cherry blossoms yesterday.

正解と解説 どんな形容詞が使われているでしょうか。

Q1 は、日本語を「子どもに関しては（扱いが）上手である」と考えて **good** を使います。「good with 〜」には「〜に巧みな、〜に熟練した」という意味があり、She is good with her hands.「彼女は手先が器用だ」やI am not good with figures.「僕は数字に弱い」のように使うことができます。

Q2 も同様に、「生徒に関しては人気がある」と考えて **popular** を使います。「生徒に人気がある」というと、多くの日本人学習者はamongを使ってThe teacher is popular among the students.とする傾向があります。もちろんこれでも問題はないのですが、withを使って表現できるということを知っておくと表現の幅が広がります。

Q3 は、**generous**「気前のよい」の他に、「お金に関してはこだわりがない」と解釈できる **free** も正解です。「free with 〜」には「〜（お金、助言など）を物惜しみしない」という意味があり、He is always free with his advice.「彼はいつも助言してくれる」や、

Don't be so free with your tongue.「そんなにずけずけとものを言うもんじゃない」のように使えます。

Q4 は今までの問題と違い、主語が人ではない例文です。正解は **alive** ですが、正解した人はalive withの使い方がよく理解できています。「〜でいっぱいの」という意味では、**crowded** や **filled** も正解ですが、aliveを使ったほうが「活気づいて」という意味が強調されます。主語が人でない他の例としては、「complete with 〜」「〜に関しては全部そろって」があり、The apartment comes complete with furniture.「そのアパートは家具が完備されている」やThe hotel stay comes complete with a buffet dinner and tickets to the Happy Times amusement park.「そのホテルの滞在には、ビュッフェのディナーとハッピー・タイムズ遊園地のチケットが付いている」と表現できます。

今回の問題の形容詞はどれも中学校や高校で学習する単語です。このような基本語とwithとのコロケーションをたくさん学び、表現の幅をもっと広げていきましょう。

確かめ
問題

空欄を埋めましょう。
「彼は日本のことに関しては詳しい」
He is (　　　) with Japanese things.

 Ｎ ｏ ｔ ｅ

BNC によると「形容詞＋with」で最も多いのは、「concerned with」です。
1. My interests are concerned with the future of the company.
   「私の利害はこの会社の未来と関わっている」
2. I am not concerned with it.
   「私はそれに関係していません（私の知ったことではない）」

次に多いのは「wrong with」です。
3. There is nothing wrong with the computer.
   「コンピュータはどこも悪いところはありません」
4. What's wrong with you?
   「どこか体の調子が悪いのかい（どうしたんだい）」

BNCでは高頻度の、他の「形容詞＋with」の用例を挙げておきます。
5. She was half dead with cold and hunger.

「彼女は寒さと飢えで死にかけた」
6. Be careful with that glass.
「そのコップには気をつけなさい」
7. The garden is bright with sunshine.
「庭は日差しがあって明るい」
8. The singer was successful with university students.
「その歌手は大学生に受けがよかった」
9. I have never been bored with his classes.
「彼の授業には一度も退屈したことはありませんでした」
10. They are overcome with fear.
「彼らは恐怖に打ちひしがれている」

用例10のovercomeは、「人を打ちのめす」という意味の動詞の過去分詞形です。「overcome with」の後は、多くの場合、grief「悲しみ」、remorse「後悔」、shame「恥」、shyness「恥ずかしさ」などの、好ましくない強い感情を表す名詞が来ます。

| 確かめ問題の答え | familiar

「〜するとき、〜している間」の英語とコロケーション

....

when, while

今回は、「〜するとき、〜している間」を表す接続詞、whenとwhileについて考えてみます。

問　題

whenまたはwhileを使って、空欄を埋めましょう。
（答えは1つとは限りません）

Q1： 彼女が13歳のとき、家族は東京に引っ越した。
　　　（　　　） she was 13, her family moved to Tokyo.

Q2： ちょうど彼が家に帰り着いたときに、彼に電話がかかってきた。
　　　Just（　　　） he got home, he got a phone call.

Q3： 私は英語を書くとき、よく辞書を引きます。
　　　（　　　） I am writing English, I often look in the dictionary.

Q4： コーヒーを一杯入れているときに、私は母にそのことを話した。
　　　I mentioned it to my mother（　　　） I was making a cup of coffee.

正解と解説　使い方にどんな違いがあるか、見てみましょう。

　whenとwhileの基本的な違いは、whenが「特定の時点や瞬間」を表すのに対して、whileは「時間的な長さを持った期間」を表す点にあります。

　Q1 は「13歳のとき」という特定の年齢の時点に言及しているので、**When** が正解です。年齢や人生の時期を指すときは一般的にwhenが使われますが、Study hard while[when] you're young.「若いときにしっかり勉強しておきなさい」のように特定の時点というよりも期間を表すときは、whileも使われます。 **Q2** は副詞justによってある特定の瞬間が強調されているので、**when** が正解です。 **Q3** の現在進行形は「英語を書いている期間」を表しているので、**While** が正解ですが、「英語を書いている時点」と考えれば、When も使うことができます。whileは行為の期間を明確にするためか、whenに比べると、進行形と一緒に使われる傾向が見られます。しかし、実際には進行形で表される内容が、「期間」なのか「特定の時点」なのかがはっきりしない場合が多く、一般的に

はwhenもwhileも使うことができます。その例が、**Q4** です。ここでは、「そのことを話した」行為が、一杯のコーヒーを「入れている時点」なのか「入れている間」なのかがはっきりないため、**when** も **while** も使うことができます。同じように、もしQ3の問題で主語とbe動詞を省略した場合、すなわちWhen［While］writing English, I often look in the dictionary.では、英語を書いている「間」なのか「時点」なのかがよりあいまいになるので、whenもwhileも同じように使うことができます。

> **確かめ問題**
> 空欄を埋めましょう。
> 「食事が終わったとき、私たちは食器を洗った」
> (　　　　) we had finished eating, we washed the dishes.

📖 N o t e

　「〜するとき」を意味するもう1つの接続詞はasです。whenやwhileと異なる点は、asが「〜と同時に（at the same time）」と言い換えることができるように、2つの出来事が同時に起きている場合、一般的にはasが使われることです。

　1. As I walked home, I thought about what I would have for dinner.
　　「歩いて家に帰っているときに、私は夕食に何を食べるか考えた」
　「歩いて家に帰る」という行為と「夕食のことを考える」という行為、この2つが同時に起こっているのでasを使います。ここではasの代わりにwhenを使うことはできませんが、whileは可能です。一方、When I got home, I started cooking dinner.「家に帰ってから私は夕食の準備を始めた」のように、ある出来事が起こってから別の出来事が起きる場合には、asを使うことはできません。

　2. As I opened the door, I heard a strange voice.
　　「ドアを開けたとき、奇妙な声が聞こえた」
　ここでは「ドアを開ける」という行為と「声が聞こる」という状態が、ほぼ同時に起こっています。したがって、Q2では、同様に、「ちょうど家に帰り着いたとき」、ほぼ同時に「電話がかかってきた」ので、正解のjust whenはasやjust asで置き換えることができます。

　Q1の「彼女が13歳のとき」のように年齢を表すときや、when I was a child「子どもの頃」のように人生の時期を指すときは、asでは置き換えられません。Q3やQ4は、短い時間ではありませんが、比較的長い行為の中で2つの行為が同時に起こっているので、asも使うことができます。

「〜だが」の英語とコロケーション

but, and

今回は接続詞butとandの使い方について考えてみましょう。「〜だが」と聞くとbutを思い浮かべますが、それだけではありません。

問 題

butまたはandを使って、空欄を埋めましょう。

Q1：ジョンは貧しいですが、幸せです。
John is poor (　　　) happy.

Q2：私たちはディズニーランドに行ったが、とても面白かった。
We went to Disneyland (　　　) we had a lot of fun.

Q3：すみませんが、トイレはどこですか。
Excuse me, (　　　) where is the restroom?

Q4：申し訳ありませんが、あなたは間違っています。
I'm sorry, (　　　) you are wrong.

正解と解説 使い方にどんな違いがあるか、見てみましょう。

Q1 の正解は **but** です。butは逆接の接続詞と呼ばれ、後ろには前に述べたこととは意味的に反対のことや、論理的に対立する内容が来ます。Q1の英文において、poorはunhappyであるということが前提となっています。しかし、このような逆接の接続詞butの特徴が、日本人の学習者にはきちんと理解されていない場合があります。例えば、「私の兄は教師ですが姉は看護師です」の英語として、My brother is a teacher, but my sister is a nurse.のようにbutを使うと、兄と姉のそれぞれの職業に対して、話し手は反対の価値判断をしていることになります。しかし、ここでは職業を紹介しているだけなので、butではなくandを使います。

同様のことが **Q2** にも当てはまります。ここでは、「行ったが」と、日本語では逆接のように見えますが、「ディズニーランドに行った」ことと「面白かった」こととは反対のことではありません。したがって、正解は **and** です。日本人の学習者には「〜だが」に対してbutをすぐに使う傾向があります。他の例として、×He got very sad, but he went to his village to see his friends.「彼はたいへん悲しみましたが、友だちに会いに生まれた村へでかけました」のような場合は、対比ではなく時間的な順序を表しているので、butではなくandを使います。

Q3 は **but** が正解です。丁寧表現の1つで、見知らぬ人に話しかけたり、Excuse me for interrupting you, but 〜 .「お話中失礼ですが、〜」と言って相手の話をさえぎったりする場合に、butが使われます。ただ、Q3のように見知らぬ人に何かを尋ねる場合、butは省略される傾向があります。

Q4 は **but** が正解です。相手にとって好ましくないことを述べたり、相手の意見とは異なることを述べたりするときの丁寧表現です。また、相手に対してあらかじめ遅れることを謝罪するときのI'm sorry, but I'm going to be late.「すみませんが、遅れそうです」は、よく使われる表現なので覚えておきましょう。

確かめ問題

空欄を埋めましょう。
「私は昨日、本を3冊買いましたが、そのうちの1冊はカズオ・イシグロの著書『日の名残り』です」
I bought three books yesterday, (　　　) one of them is *The Remains of the Day* written by Kazuo Ishiguro.

📖 **N o t e**

　日本人中高生のべ1万人以上の英作文を収集した学習者コーパスである「JEFLLコーパス」(「小学館コーパスネットワーク」のサイトで公開)を使って、butの間違った使い方を調べてみました。
　　1. We want to go to China, but maybe too expensive. (高校3年生)
　　　「私たちは中国へ行きたいのですが、多分とても高いと思います」
　英語の逆接接続詞butは、その前後で対比を示すときに使われます。しかし、日本人英語学習者は、butを使う際にその対比を十分に英語で表現しないで使用する傾向があります。この英文の書き手の意図は、「中国へ行きたい。しかし、中国に行くことはできない。なぜならば、たぶん旅費が高いから」でしょう。ここでは、次のようにbutの後に対比を明確にする表現を補う必要があります。
　　2. We want to go to China, but maybe I can't because it will be too expensive.

becauseを使うのは少しくどいと感じれば、次のように表現することもできます。
   3. I want to go to China, but I can't afford it.

次のbutの使い方はどうでしょう。
   4. I have bread, but I have green tea, not milk.（高校3年生）
      「パンを食べますが、緑茶を飲みます。牛乳は飲みません」

この高校生の論理的な含意は、「私はパンを食べます。多くの人は、パンを食べるときは牛乳を飲むでしょう。しかし、私は緑茶でパンを食べます。牛乳ではありません」ということです。書き手の前提としている論理的含意は、日本人には理解されるでしょうが、英語を母語とする読み手には理解が難しいでしょう。次のように書き換えることができます。
   5. Many people have milk for bread, but I have green tea.

対比を意識してbutを使うようにしましょう。

| 確かめ問題の答え | and

「アクセス」の英語とコロケーション

....
access
....

今回は趣向を変えて、外来語（英語由来のカタカナ語）について考えてみましょう。今回は「アクセス」とaccessの違いについて学びます。どちらも同じ意味で使われているのでしょうか。

問 題

適切な語または語句で空欄を埋めましょう。（答えは1つとは限りません）

Q1： インターネットにアクセスできない。
I can't (　　　　) the Internet.

Q2： このホテルは駅へのアクセスがよい。
This hotel has easy (　　　) to the station.

Q3： みなさんは当図書館を利用することができます。
You can have (　　　) to our library.

Q4： ジャーナリストたちは大統領との面会を拒否された。
Journalists were refused (　　　) to the president.

正解と解説 どんな違いがあるのか、見てみましょう。

　外来語とその元になった英語の対応関係は、基本的には次の3つに分類できます。(1)外来語と英語でほぼ同じ意味で使われる場合、(2)外来語と英語で意味の広さやニュアンスに違いがある場合、(3)英語では使うが外来語では使わない場合（または、その逆）。

　日本語の「アクセス」は、一般的には次の2つの意味で使われます。1つ目は、「コンピュータを使ってネットワークに接続すること」、2つ目は、「ある場所へ到達する交通の便や道順のこと」です。したがって、 **Q1** はインターネットへのアクセスですから、動詞 **access** が正解です。また「接続する」の動詞connect を使った **connect to** も正解です。

　Q2 はホテルへ到達する交通の便や道順のことですから、名詞 **access** が正解です。「ホテルへの道順が簡単だ」と考えると **routes** も使えます。これらの例は、3つのタイプのうちの(1)に当てはまります。

Q3　はタイプ(2)の例です。正解は **access** ですが、日本語の「アクセス」で考えると、「コンピュータを使って当図書館の本や資料を検索できます」と思ってしまうかもしれません。この解釈も間違いではありませんが、英語のaccessはもっと広い意味で使われます。つまり、ここでは単にコンピュータでアクセスするだけでなく、図書館で勉強したり本を借りたりして図書館を利用できるということです。That library is access-friendly for everyone.「あの図書館は誰でも利用しやすい」のような表現も覚えておくといいでしょう。

　Q4　はタイプ(3)の例です。英語のaccessは「人に近づいたり、会ったりすること」も意味します。したがって、正解は **access** です。なお、「面会」のan interviewを使うときは、後ろはto the presidentではなくwith the presidentとなります。

　今回は全ての答えにaccessがありましたが、外来語と英語では意味が変わることが分かります。英語のaccessで最も多く使われるコロケーションは、have access to「〜に接近できる、〜を入手できる」ですが、このまま暗記しただけでは、Q3の例の場面では狭く解釈してしまいます。そのため、前後に来る語と一緒に学習する必要があります。例えば、have access toの主語がdogsやcatsでは、どのような意味になるでしょうか?

確かめ問題

　空欄を埋めましょう。
　「犬がいつも新鮮な水を飲めるようにしておくべきだ」
　Dogs should always have (　　　　) to fresh water.

📖✎ **N o t e**

　問題の中で扱わなかったaccessの他のコロケーションを見てみましょう。まず、「動詞＋access」です。
1. They were not allowed access to a lawyer.
   「彼らは弁護士との面会が許されなかった」
2. The university needs to improve access for disabled students.
   「大学は、障害のある学生のために、出入りする通路を改善する必要がある」
3. His advice gave us access to the Chinese market.
   「彼のアドバイスのおかげで中国市場に参入する道が開けた」

次に、「形容詞＋access」の代表的な例を見てみましょう。
4. Busses provide easy access to the airport.
   「空港へはバスで簡単に行ける」

5. There should be equal access to a good education for all people.
「全ての人々が平等にすぐれた教育を受けられるべきである」

最後に「名詞＋access」と「前置詞＋access」です。

6. This toilet is designed for wheelchair access.
「このトイレは車いすで利用できるように設計されている」

7. The village is difficult of access.
「この村にたどり着くのは難しい」

8. We demanded freedom of access to the database.
「私たちはそのデータベースに自由にアクセスできるように要求した」

｜確かめ問題の答え｜ access

「サービス」の英語とコロケーション

service など

今回は外来語の「サービス」とserviceついて考えてみます。どんなときでも同じ意味で使えるのかを意識しながら、次の問題を解いてみましょう。

問　題

適切な語または語句を使って、空欄を埋めましょう。
（答えは1つとは限りません）

Q1：そのホテルのサービスはよかった。
　　　The (　　　) at the hotel was good.
Q2：最近では、買い物客は多くのスーパーマーケットでセルフサービスのレジを利用することができます。
　　　These days, shoppers can use (　　　) checkouts at many supermarkets.
Q3：現金で買ったらサービスしてくれますか？
　　　Can you give me a (　　　) if I pay cash?
Q4：私は昨日、朝の礼拝に出席しました。
　　　I attended the morning (　　　) yesterday.

正解と解説　どんな違いがあるのか見てみましょう。

　日本語の「サービス」は一般的に次の意味で使われます。1つ目は「奉仕」、2つ目は「給仕、接待」、そして3つ目は「値引きしたり客の便宜を図ったりすること」です。

　Q1 は客に対するホテルの「給仕、配慮」を意味し、英語のserviceにも「給仕、接待」の意味があるため、正解は **service** です。service counter「（店内の）サービスカウンター」も日本語と英語で同じように使えます。after-sales service「アフターサービス」の場合、「アフター」は「販売後」のサービスのことですから、after-salesとなることに注意しましょう。

　Q2 も「給仕、接待」の意味になり、日本語と英語が同じ意味に使われる例で、正解は **self-service** です。self-service checkoutをself-checkoutと言うこともできるので、

self- も正解です。

Q3 は、日本語では使うが、英語では使わない例です。問題文の「サービス」は「値引き」や「おまけ」という意味ですが、英語のserviceにはそれらの意味はありません。よって、正解は **discount** ですが、2語の場合ならばfree giftも正解となります。ちなみに、日本語の「サービス」の1つ目の意味で挙げた「奉仕」の例としては、「サービス精神」があり、英語でもservice spiritとなります。

Q4 は、日本語では使わないが、英語では使う場合です。英語のserviceには「礼拝」の意味があるので、正解は **service**。日本の喫茶店で朝に割安で提供される軽食の「モーニングサービス」は英語の意味にはなく、英語ではmorning［breakfast］special となります。

日本語の「サービス」にはない英語のserviceの例としては、他に次のようなものがあります：service「(官公庁の)行政機関」、the Secret Service「秘密情報機関」、the United States Postal Service「米国郵便公社」、the National Health Service「(英国の)国民健康保険制度」など。

> **確かめ問題**
> **空欄を埋めましょう。**
> 「ワインを1箱全部買ったら、1割サービスしてくれますか?」
> Do I get a ten percent (　　　) if I buy a whole case of wine?

N o t e

　日本語の「サービス」にはないserviceの例として、官公庁の「行政機関」を意味する例をいくつか紹介しました。その他にも、National Park Service「(米政府の)国立公園部」、Forest Service「林野部」、Fire Service「(英国の)消防隊」、Environmental Health Service「(英国の)環境衛生保健所」などがあります。また、「行政機関」を意味するcivil serviceを使って、次のように言うことができます。

　1. I would like to get a job in the civil service.
　　「私は公務員になりたい」
この例文は、I would like to be a public servant.とも言うことができます。

英語のserviceには「軍務、兵役」という意味もあります。
　2. My father was in military service for three years.

「父は3年間陸軍にいました」
　3.　My grandfather died in service.「祖父は戦死しました」
この3の文は、My grandfather was killed in the war.と書き換えることができます。

宗教上の儀式を意味するserviceのコロケーションには次のものがあります。
　4.　The burial service followed a church service.
　　「教会での礼拝式の後、埋葬式が行われた」

日本の「法事」は、a memorial serviceやa Buddhist serviceと訳すことができます。

｜確かめ問題の答え｜　discount

INDEX 索引

A

absolutely ·············· 188
access ················· 200
a few ·················· 132
a little ················· 132
amazingly ············· 185
and ··················· 197
answer ················ 42
appointment ······· 33, 36
argue ················· 110
attentively············· 179

B

become ················ 79
begin ················· 84
belly ·················· 54
bright ················· 123
brilliant················ 123
broad ················· 146
but ··················· 197

C

certain ················ 171
chance ················ 25
childish··············· 137
childlike ·············· 137
clean·················· 140
clear ·················· 140
clever ················· 160
come·················· 79
completely ············ 188
concern ············ 95, 98
concrete ·············· 128
consider ··········95, 101

customer·············· 60

D

day off ················ 30
discuss ··············· 110
do···················· 17, 64
draw ·················· 76
drink·················· 82

E

early ·················· 130
eat ··················· 82
end ··················· 87

F

face ·················· 45
fairly·················· 182
fast ··················· 130
feel ··················· 104
few ··················· 132
final ·················· 152
fine ··················· 120
finish ················· 87
first··················· 149
fixedly················· 179
foolish················· 163
foot··················· 51
freedom ·············· 57
freshly ················ 176

G

get ··················· 79
gift ··················· 39
good ············· 117, 120

guest·················· 60

H

happen ··············· 70
happy ················· 166
have ·················· 82
head ·················· 45
hear ·················· 67
heart·················· 48
high ·················· 114
holiday ················ 30
home ················· 23
house ················· 23

I

ill ···················· 158
initial ················· 149
intelligent ············· 160
interest ················ 98

J

job ··················· 27
journey ················ 14

L

large ················· 146
last ··················· 152
laugh ················· 107
learn·················· 93
leg ··················· 51
liberty················· 57
listen·················· 67
little ·················· 132

M

make ⋯⋯⋯⋯ 64
matter ⋯⋯⋯ 20
mind ⋯⋯⋯⋯ 48

N

narrow ⋯⋯⋯ 143
neck ⋯⋯⋯⋯ 45
newly ⋯⋯⋯ 176
nice ⋯⋯⋯⋯ 117

O

opportunity ⋯⋯⋯ 25

P

paint ⋯⋯⋯⋯ 76
play ⋯⋯⋯⋯ 17
pleasant ⋯⋯⋯ 166
pleased ⋯⋯⋯ 166
ponder ⋯⋯⋯ 101
powerful ⋯⋯⋯ 135
present ⋯⋯⋯ 39
problem ⋯⋯⋯ 20
promise ⋯⋯⋯ 33

Q

question ⋯⋯⋯ 20
quick ⋯⋯⋯ 130
quiet ⋯⋯⋯ 155
quite ⋯⋯⋯ 182

R

rather ⋯⋯⋯ 182
raw ⋯⋯⋯⋯ 126

remarkably ⋯⋯⋯ 185
reply ⋯⋯⋯⋯ 42
reservation ⋯⋯⋯ 36
response ⋯⋯⋯ 42

S

sad ⋯⋯⋯⋯ 169
say ⋯⋯⋯⋯ 73
service ⋯⋯⋯ 203
show ⋯⋯⋯⋯ 90
sick ⋯⋯⋯⋯ 158
silent ⋯⋯⋯ 155
silly ⋯⋯⋯⋯ 163
small ⋯⋯⋯ 143
smile ⋯⋯⋯ 107
some ⋯⋯⋯⋯ 132
soon ⋯⋯⋯⋯ 130
sorrowful ⋯⋯⋯ 169
speak ⋯⋯⋯⋯ 73
specific ⋯⋯⋯ 128
start ⋯⋯⋯⋯ 84
still ⋯⋯⋯⋯ 179
stomach ⋯⋯⋯ 54
strong ⋯⋯⋯ 135
study ⋯⋯⋯⋯ 93
stupid ⋯⋯⋯ 163
suppose ⋯⋯⋯ 104
surprisingly ⋯⋯⋯ 185
sure ⋯⋯⋯⋯ 171

T

take ⋯⋯⋯⋯ 82
take place ⋯⋯⋯ 70
tall ⋯⋯⋯⋯ 114

teach ⋯⋯⋯⋯ 90
tell ⋯⋯⋯ 73, 90
think ⋯⋯⋯ 101, 104
tour ⋯⋯⋯⋯ 14
travel ⋯⋯⋯ 14
trip ⋯⋯⋯⋯ 14
trouble ⋯⋯⋯ 20

U

unhappy ⋯⋯⋯ 169
utterly ⋯⋯⋯ 188

V

vacation ⋯⋯⋯ 30
visitor ⋯⋯⋯ 60

W

when ⋯⋯⋯⋯ 195
while ⋯⋯⋯⋯ 195
wide ⋯⋯⋯⋯ 146
wise ⋯⋯⋯⋯ 160
work ⋯⋯⋯⋯ 27
write ⋯⋯⋯⋯ 76

［著者略歴］

堀　正広（ほり　まさひろ）

熊本学園大学外国語学部教授。博士（文学）。英語コーパス学会顧問。専門は英語学、文体論、コーパス言語学。主な著書は、*Investigating Dickens' Style: A Collocational Analysis*（Palgrave Macmillan、2004年、英語コーパス学会賞）、『英語コロケーション研究入門』（研究社、2009年）、『例題で学ぶ英語コロケーション』（研究社、2011年）、『はじめての英語文体論　英語の流儀を学ぶ』（大修館書店、2019年）、『英語コーパス研究シリーズ全7巻』（共同監修、ひつじ書房、2019年）など。

仲良し単語を知って英語を使いこなそう！
──コロケーション学習のすすめ

2023年4月10日　初版第1刷発行

著　　　者　　堀　正広

デ ザ イ ン　　ヴィレッジ

発　　　行　　株式会社ネットアドバンス
　　　　　　　〒101−0051
　　　　　　　東京都千代田区神田神保町2−30　昭和ビル3F
　　　　　　　Tel：03−5213−0872

発　　　売　　小学館スクウェア
　　　　　　　〒101−0051
　　　　　　　東京都千代田区神田神保町2−19　神保町SFⅡ 7F
　　　　　　　Tel：03−5226−5781　Fax：03−5226−3510

印刷・製本　　中央精版印刷株式会社